SOMBRAS DO VELHO ENGENHO

Editora Appris Ltda.
1.ª Edição - Copyright© 2021 dos autores
Direitos de Edição Reservados à Editora Appris Ltda.

Nenhuma parte desta obra poderá ser utilizada indevidamente, sem estar de acordo com a Lei nº
9.610/98. Se incorreções forem encontradas, serão de exclusiva responsabilidade de seus organi-
zadores. Foi realizado o Depósito Legal na Fundação Biblioteca Nacional, de acordo com as Leis nos
10.994, de 14/12/2004, e 12.192, de 14/01/2010.

Catalogação na Fonte
Elaborado por: Josefina A. S. Guedes
Bibliotecária CRB 9/870

R196s
2021
	Rangel, Helington
	    Sombras do velho engenho / Helington Rangel.
	- 1. ed. - Curitiba: Appris, 2021.
	    175 p. ; 23 cm.
	
	    ISBN 978-65-250-0950-6
	
	    1. Jornalismo em forma literária. 2. História. I. Título. II. Série.
	
	                                                    CDD – 070.43

Editora e Livraria Appris Ltda.
Av. Manoel Ribas, 2265 – Mercês
Curitiba/PR – CEP: 80810-002
Tel. (41) 3156 - 4731
www.editoraappris.com.br

Printed in Brazil
Impresso no Brasil

Helington Rangel

SOMBRAS DO VELHO ENGENHO

FICHA TÉCNICA

EDITORIAL
Augusto V. de A. Coelho
Marli Caetano
Sara C. de Andrade Coelho

COMITÊ EDITORIAL
Andréa Barbosa Gouveia (UFPR)
Jacques de Lima Ferreira (UP)
Marilda Aparecida Behrens (PUCPR)
Ana El Achkar (UNIVERSO/RJ)
Conrado Moreira Mendes (PUC-MG)
Eliete Correia dos Santos (UEPB)
Fabiano Santos (UERJ/IESP)
Francinete Fernandes de Sousa (UEPB)
Francisco Carlos Duarte (PUCPR)
Francisco de Assis (Fiam-Faam, SP, Brasil)
Juliana Reichert Assunção Tonelli (UEL)
Maria Aparecida Barbosa (USP)
Maria Helena Zamora (PUC-Rio)
Maria Margarida de Andrade (Umack)
Roque Ismael da Costa Güllich (UFFS)
Toni Reis (UFPR)
Valdomiro de Oliveira (UFPR)
Valério Brusamolin (IFPR)

ASSESSORIA EDITORIAL
Natalia Mendes

REVISÃO
Andrea Bassoto Gatto

PRODUÇÃO EDITORIAL
Rebeca Nicodemo

DIAGRAMAÇÃO
Daniela Baumguertner

CAPA
Juarez Paraiso

COMUNICAÇÃO
Carlos Eduardo Pereira
Débora Nazário
Kananda Ferreira
Karla Pipolo Olegário

LIVRARIAS E EVENTOS
Estevão Misael

GERÊNCIA DE FINANÇAS
Selma Maria Fernandes do Valle

COORDENADORA COMERCIAL
Silvana Vicente

Quando caminhava ao encontro de Eon, o deus do tempo da eternidade, um clarão me iluminou e duas estrelas brilhantes apoderaram-se do meu coração: são vocês, Ana Luísa e Manuela, mensageiras da minha renovação, netas da minh'alma, habitantes cativas do meu amor.

Aos meus irmãos por opção há mais de meio século, Jorge Raimundo Cerqueira, José Romélio Aquino e Geraldo Saphira Andrade, materializações perfeitas da ética e da dignidade.

A João Ubaldo Ribeiro, João Carlos Teixeira Gomes (Joca) e Ângelo Roberto Mascarenhas de Andrade, (in memoriam), ausências terrivelmente imensas.

AGRADECIMENTOS

São Tomás de Aquino, em seu Tratado de Gratidão, ensina que o agradecimento consiste numa realidade humana complexa, em três níveis: o primeiro, o reconhecimento do benefício recebido; o segundo, em louvar e dar graças; o terceiro, a retribuição, o mais denso, nos sentimos vinculados e comprometidos a corresponder ao outro.

Quando confessamos estarmos gratos por algo dado, somos devedores do obséquio, da amabilidade e generosidade. Estamos nos comprometendo a recompensar o favor, mesmo sem igual talento. Assim, a partir desse entendimento, usaremos conscientemente nosso muito obrigado.

Ao mestre Juarez Paraiso, que concebeu a capa, com sua inquestionável criatividade e intelecto, em nome apenas da longa ligação fraterna, para aperfeiçoar a estética do livro do velho amigo.

À jornalista Mariana Carneiro, mesmo controlando o leme de uma redação de jornal diário, sempre em agitação, descortinou momentos de calmaria para prefaciar este livro com inteligência e competência, duas das suas marcas.

À engenheira civil Loren Bittencourt, que deletou suas tarefas profissionais, por momentos, para associar-se à definição de estrutura e conteúdo deste livro, ensinando-me, de forma tão amável e paciente, os caminhos surpreendentes da informática.

A todos os integrados à equipe da Appris Editora, por participarem desta produção literária, verdadeiramente coletiva.

Helington Rangel

"homo somni sui umbra est"

"Ο άνθρωπος είναι η σκιά του ονείρου του"

"O homem é a sombra do seu sonho"

Píndaro, aristocrata grego, nascido na cidade de Cinoscéfalas (522 a.C - 438 a.C),
um dos mais importantes poetas líricos da história literária.

PREFÁCIO

Elo com múltiplas vozes

Os jornais impressos têm encontrado amparo cada vez mais sólido em suas páginas de opinião – aquelas a reunir artigos de colaboradores diversos, para além do quadro fixo de profissionais do veículo – para reafirmar princípios de pluralidade, independência, estímulo ao senso crítico e abertura à expressão de múltiplas vozes. São espaços a abrigar textos que transcendem o registro factual e o caráter imediatista presentes nas editorias destinadas ao noticiário, proporcionando oportunidade para argumentação e análise que, em última instância, contribuem para ampliar, fundamentar e perpetuar a função social e documental do jornalismo.

Perecível por princípio, a notícia, ao ser inserida nos artigos produzidos por autores das mais variadas origens e formações, assume uma nova roupagem, supera o desafio da temporalidade e se abastece de elementos para conquistar relevância e perdurar. Ao agregarem contribuições originadas do pensamento filosófico, econômico, social, político, antropológico e cultural, os meios jornalísticos abrem espaço à diversidade de olhares e sentidos.

Tal acervo ganha ares da mais preciosa contribuição quando reunido em uma obra como a que o leitor tem agora em suas mãos. Nela estão 76 artigos selecionados, de autoria de Helington Rangel, publicados originalmente nas páginas da editoria de Opinião do jornal *A Tarde*, entre os anos de 2015 a 2020. São textos em linguagem acessível, direta – ainda que elaborada –, e com o traço sintético próprio de jornalista forjado no ambiente de espaço delimitado pelo meio impresso.

O olhar aguçado e amadurecido pela formação também como economista e professor universitário confere aos artigos sentido e significação especiais. Os caminhos profissionais trilhados por Rangel permitem oferecer um repertório abrangente e uma vastidão de abordagens que passeiam por história, filosofia, sociologia, jornalismo e economia, entre outras áreas, nos planos regional, nacional e internacional.

A temática é ampla, podendo ir de um comparativo antropológico entre o império romano e um país subdesenvolvido do nosso tempo, como visto no artigo de abertura, intitulado "Centuriões da miséria", a desmandos políticos em Brasília, à situação econômica da Argentina, ocupação humana na Amazônia, propagação do novo Coronavírus ou, ainda, a considerações sobre a passagem do tempo e a circulação de conteúdos falsos, que alimentam a desconfiança social.

Presença frequente nos escritos do professor, as referências históricas se entrelaçam de modo impecável às temáticas dos tempos atuais, conversando entre si, ganhando novos contornos e abrindo espaço para a contextualização e o aprofundamento da reflexão sobre os fatos que funcionam como ponto de partida das narrativas. As citações vão de obras clássicas do campo político-econômico à literatura infanto-juvenil, passando por filmes e até canções.

O estabelecimento desse diálogo profícuo entre presente e passado – aqui apresentado por meio de distintos períodos, culturas, nações e correntes de pensamento – é característica marcante nos textos deste livro. Mestre em traçar paralelos, promovendo a conexão entre o ontem e o hoje, Rangel difunde conhecimentos, estimula o pensamento crítico e multiplica aprendizados, a inspirar a construção de caminhos mais positivos para o amanhã.

"Sombras do velho engenho" é um volume que remete ao passado que sempre retorna, como uma repetição sem fim a expor feridas jamais cicatrizadas, desigualdades sistêmicas, sociais e estruturais nunca debeladas, por estarem enraizadas, profundamente fincadas em nossa sociedade.

A obra de Helington Rangel é também uma provocação a ponderarmos sobre a persistência de um contexto nacional ainda marcado pelo autoritarismo colonialista e pela exclusão social, em que ambições pessoais seguem superando o interesse da coletividade, agravando o abismo existente entre bem-nascidos e desprovidos. O autor apresenta-se como voz firme a apontar esse cenário de desigualdade e a pavimentar caminhos para aperfeiçoamento e superação, a partir da defesa de valores como dignidade, desenvolvimento humano, liberdade, ética e respeito.

A nós só cabe expressar gratidão ao professor pela generosidade do saber compartilhado com seus leitores, inicialmente nas páginas de jornal e, agora, por meio deste livro.

Salvador, dezembro de 2020.

Mariana Carneiro

Jornalista, diretora de Redação do Grupo A Tarde.

SUMÁRIO

CENTURIÕES DA MISÉRIA 17

OS CAMINHOS DOS DESIGUAIS 21

RETROCESSO DA FARTURA 23

A OUTRA IDADE MÉDIA 25

A QUEDA DA OLIGARQUIA 27

REVOLUÇÃO DA MENTALIDADE 29

TRAÍDO OU TRAIÇOEIRO? 31

FUNDAMENTO DO COLETIVO 33

RÉU E JUIZ...35

DEMOCRACIA CORROMPIDA..................................37

O RASPUTIN BRASILEIRO...39

O RETORNO À COERÇÃO 41

EM BUSCA DA RELEVÂNCIA....................................43

O MOVIMENTO CONSERVADOR.............................45

BANDEIRANTE E PIONEIROS 47

RAÍZES DO VELHO ENGENHO................................49

O COLAPSO DO CAPITALISMO................................51

A ERA DA PÓS-VERDADE 53

ÚLTIMA REVOLUÇÃO PASSIVA................................55

A DEMOLIÇÃO DO ESTADO SOCIAL 57

DESIGUALDADE SOB OLHAR AMPLO......................59

SEM OS GENES DOS PRIMOS 61

A QUARTA REVOLUÇÃO ÀS AVESSAS 63

OS MARTELETES SILENCIOSOS................................65

A MERITOCRACIA PELO SANGUE 67

A OPACIDADE DO PODER......................................69

A DEMOCRACIA INFECTADA...................................71

O REGRESSO À CASA-GRANDE................................73

GERINGONÇA À PORTUGUESA...........................75

O JOGO DO PRAZER DE POLLYANA.......................77

A SOCIEDADE DA DESILUSÃO............................79

O INDIVIDUALISMO REINVENTADO......................81

O MEDO DA POBREZA....................................83

COMO DEUS E A DEMOCRACIA MORREM..................85

O ANEL DA MALDIÇÃO DE LULA..........................87

O ÚLTIMO VÔO DE YURI GAGARIN........................89

OS NOVOS OVOS DA SERPENTE..........................91

LULA NA PONTARIA......................................93

MARX VIVE NA MODERNIDADE............................95

A EXTINÇÃO DAS INSTITUIÇÕES CADUCAS.................97

CENTRO-ESQUERDA E O CRESCIMENTO....................99

A ESQUERDA NA BERLINDA..............................101

DAS RUAS AO PALÁCIO PRESIDENCIAL....................103

A FALTA DE LUCIDEZ MORAL.............................105

QUEM MATA A DEMOCRACIA.............................107

A VIGILÂNCIA DA LIBERDADE............................109

UM MAGISTRADO INDECIFRÁVEL.........................111

O ETERNO MODELO.....................................113

CRIATIVIDADE TOTALITÁRIA.............................115

A MORTE DOS EMPREGOS...............................117

NO RUMO DO CAOS.....................................119

SOB AS REGRAS DA PSICOPATIA.........................121

NA CONTRAMÃO DA REVOLUÇÃO.........................123

DE VOLTA AO PASSADO REMOTO.........................125

A MENTIRA E A VERDADE DE CADA DIA....................127

O CAPITALISMO AO EXTREMO...........................129

A FLORESTA DA DESAVENÇA.............................131

AS TREVAS DA REPÚBLICA 133

A DECOMPOSIÇÃO DO PODER 135

OS MALES DA GLOBALIZAÇÃO 137

A VIDA SEM SOFRIMENTOS 139

ENGENHEIROS DA MISTIFICAÇÃO 141

ANATOMIA DE UMA FAMÍLIA REAL 143

A PATOLOGIA DO MAL 145

O BRASIL VISTO PELA CAVERNA 147

UM VÍRUS MUDA A TERRA 149

A HISTÓRIA DE TOGA 151

SALVADOR GANHA BELEZA ESTRANHA 153

A PANDEMIA DA TRANSFIGURAÇÃO 155

NEGROS IMPORTAM EM QUALQUER LUGAR 157

DOM QUIXOTE BRASILEIRO 159

TODO POPULISMO SERÁ CASTIGADO 161

A SEGREGAÇÃO EXTREMA 163

UM HOMEM DA ELITE DO ATRASO 165

DEUS NÃO ESTÁ MORTO 167

A DESFORRA DOS EXCLUÍDOS 169

LAIKA, MON AMOUR 171

CENTURIÕES DA MISÉRIA

Se a televisão conseguisse retroceder a História com a mesma velocidade de um cometa, poderia assestar suas câmeras em direção a uma passagem comum nos países pobres, especialmente América do Sul, mas para surpresa de todos seria o império de Roma, majestoso nos livros de qualquer vestibulando, na verdade, uma escola de corrupção.

Na coleção de "Vida Privada", coordenada por Philippe Ariés e Georges Duby, primeiro volume, *O império de Roma*, salta aos olhos de qualquer leitor o contraste entre o luxo e a miséria, mesmo cenário oferecido pela economia de uma nação pobre, que se arrasta no caminho do tempo, sem saber como moldar o progresso como um todo. E qual o elo antropológico que une o império de Roma aos países afundados na pobreza, especialmente da América do Sul? A elite assume o poder como lhe pertencesse legitimamente, colocando sua ambição pessoal à frente do interesse da coletividade.

A realidade da vida política e social do império de Roma parece ter sido carregada para o mundo contemporâneo por qualquer político sul-americano, especialmente brasileiro: a cooptação atravessa uma gigantesca rede de clientelismo. A relação do oprimido com o poderoso é alimentada pela bajulação. Tanto no império romano como em Brasília, os aduladores têm algo em comum: uma intuição aguçada e eficiente que identifica com extrema rapidez o político em ascensão e o que marcha para o declínio.

Como as nações pobres do mundo moderno, o fato fundamental da antiga sociedade romana é a convicção de que existe uma distância intransponível entre os bem-nascidos e os pobres. As elites romanas procuravam diferenciar-se por meio de um estilo de cultura e uma moral cuja mensagem mais vibrante é que não podia ser partilhado com as demais classes – mesma postura da minoria rica dos países perdidos na rota do desenvolvimento. Essa profunda divisão social tornou-se o principal agente da violência em todos os sentidos da sociedade romana, idêntica a dos principais centros urbanos brasileiros ou de qualquer outro na América do Sul.

No império de Roma, o Estado no papel de gerente, idêntico a um país contemporâneo, não se constitui única forma eficaz de dominação: lá, como aqui, uma organização marginal, como a Falange Vermelha ou a Máfia do narcotráfico, também uma estrutura paralela e um segundo foco de poder, quando explora e protege uma comunidade, preenchendo uma função pública. Na mesma atmosfera de insegurança nas regiões subdesenvolvidas, o cotidiano do império de Roma viajava a bordo do medo: os centuriões reprimiam apenas os tumultos, mas não se ocupavam com a segurança do cidadão.

Como sequestros e assaltos integravam o dia a dia de Roma, os mais ricos organizavam suas milícias, criatividade adotada pelas elites atuais. No mesmo ambiente de uma favela carioca ou venezuelana, os romanos, sem polícia nas ruas, descobriram o único meio eficaz de defesa: colocavam-se sob a proteção dos mais fortes.

Apesar de inventores do Direito, a legalidade efetivamente não reinava na vida do império romano, como não funciona nos países atrasados. A falta de legalismo apenas introduzia no caos uma complicação suplementar e até uma arma: a trapaça. A probabilidade de obter justiça dependia da boa vontade dos governantes, compelidos a poupar os poderosos por razão de Estado: havia, como hoje, uma eficiente malha de interesses. A politização da atividade econômica, a exemplo do continente sul-americano, tornava o empresariado dependente do Estado, numa convivência tão íntima que ninguém sabia distinguir o que era público e privado.

Conquistar dos poderes públicos algum direito de negócios, preferencialmente um monopólio, o empresário em Roma tem a mesma tática de um colega brasileiro no mundo contemporâneo: serpentear por entre as incoerências de um mundo econômico caótico. Ficar à frente de uma variedade de investimentos econômicos, doados pelo acaso das boas oportunidades, o empresário romano estava consciente de possuir um porte nobre numa sociedade que brutalmente separa a massa dos miseráveis, cenário promovido pelas nações sem recursos.

E qual a linha de tiro mais fácil para atingir a riqueza do império de Roma? Os cofres públicos, a corrupção e a propina, exercício preferencial e natural para quem, vivendo no coração do Estado, deseja fortuna rápida em qualquer país subdesenvolvido.

Pertencer à classe alta é conquistar três posições: bastante patrimônio, independência econômica e conexões com o comando do poder. Assim ordenava o manual da riqueza do império romano, o mesmo difundido pelas elites sul-americanas, acrescido de mais um ingrediente: pensar sempre em si e nunca na coletividade.

Em resumo: as conveniências dos grupos mais influentes do império romano não são as mesmas da sociedade como um todo, ideologia de vida que fazia as massas oprimidas acreditar que tais senhores paternais as subjugavam para seu próprio bem. No império romano e qualquer país hoje na América do Sul, o comportamento no campo também é o mesmo: um poderoso proprietário rural romano jamais hesitou em se apoderar da terra dos mais fracos e pobres. Sem temer a lei, o mais forte, em qualquer ambiente rural, tanto na Bolívia como na Guatemala, não vacila também em aplicar o poder da violência, numa escaramuça de guerra contra seu vizinho desprotegido, em nome e louvor à grilagem. Se hoje exércitos de camponeses marcham em direção aos palácios dos governantes à procura de proteção e justiça, seus colegas romanos suplicavam também do imperador a diminuição da carga tributária, mas as promessas de correção do sistema não se modificaram no tempo.

Um funcionário íntegro do império romano tornou-se uma singularidade, pois a corrupção e a propina se transformaram nos dois motores que movimentavam a máquina do Estado. Se hoje a gratificação ilícita faz parte num jogo normal de negócio entre empresários e funcionários de Brasília ou Caracas, ela chegou a ser afixada nos escritórios romanos para cada etapa de tramitação do processo burocrático – ousadia que os representantes do Estado de hoje ainda não adotaram, porém mantêm a mesma voracidade: tungam como se a questão fosse apenas um dilema dos usuários e não legal ou ética.

Assim, o império romano, como em Brasília, Lima ou numa capital africana, tal esquema sobrevive pelo tipo de convivência que só tem paralelo com organizações criminosas – todo mundo sabe que existe, a imensa maioria da população condena, contudo, ninguém se sente capaz de rompê-lo.

Numa sociedade em que as relações de força se decidem golpe a golpe, a cada instante as regras morais mais fundamentais da convivência humana são minadas rapidamente e em seu lugar brotam as patologias sociais, transformando-se em realidade desconcertante para a sociologia.

Se nos principais centros urbanos sul-americanos crianças perambulam pelas praças públicas, Roma antiga também possuía seus menores abandonados. A mesma causa: miséria absoluta das famílias que não podiam alimentá-los. O que acontecia com as crianças enjeitadas? Raramente sobreviviam, destino reservado aos menores dos países pobres no mundo moderno.

A falta de uma consciência de cidadania permitia o nascimento das ditaduras, que estabeleciam o terror sangrento só comparável ao banditismo de Estado praticado no Haiti e em nações da América do Sul ao longo da sua história, recheada de caudilhos.

Como qualquer ditadura, a classe governante procura selecionar sua equipe com integrantes pouco capazes em lugar de indivíduos que mostrem num espelho social um conjunto de qualidades. No mar de coincidências entre o império de Roma e nações subdesenvolvidas, os dirigentes preferem escolher seus auxiliares mais diretos pelos conchavos de interesses inconfessáveis.

O império de Roma esfacelou-se por uma crise demográfica, com redução drástica da taxa de natalidade, segundo ensina o historiador francês Pierre Chaunu, e não por causa dos bárbaros. Ao contrário, os países da América do Sul entraram num processo de expansão das camadas sociais de renda mais baixa, incapazes de retransmitir uma cultura de alto nível técnico, vítimas de um processo socioeconômico já contaminado pela gangrena da corrupção e da marginalização. Ao futuro resta à resposta da História se está ao alcance da capacidade humana estancar o movimento de uma máquina brutal e cruel, montada pelas elites dos países pobres, ou enviar, pelo século XXI adentro, volumosos e novos bandos de seres humanos ao implacável mergulho na mais profunda miséria.

agosto de 1992

OS CAMINHOS DOS DESIGUAIS

Terminado o reinado momesco, repete-se a divulgação das novas estatísticas dos assaltos nos bairros fidalgos, por meio da comunicação do grotesco, que se encarrega de amplificar a violência com valor relativo.

Na obra *Capitães de areia*, o escritor Jorge Amado expõe a disfunção social encoberta à sua época: a violação da ordem por crianças de rua, golpeadas pelo desprezo da elite e frieza do Estado. O sociólogo polonês Zygmunt Bauman já debulhou a incapacidade da modernidade para enfrentar questões de ordem estrutural.

O que mantém *Capitães de areia* atual é a insistência no modelo à falsa solução da marginalidade, apesar da complexidade: ação policial, detenção. Apesar da desastrosa repressão, o inconsciente coletivo retroalimenta a conveniência da efetivação reducionista da maior idade penal.

Para inclusão à cidadania de futuras gerações, o educador Anísio Teixeira, dentre outros projetos, construiu, na *Liberdade*, a Escola Parque, instituição de inspiração dos centros integrados de Leonel Brizola e Darcy Ribeiro. Arruinado por governos retrógrados, a revolução pedagógica foi combatida pelos conservadores, torpedeando o rumo de jovens.

Assassinado pela ditadura, Anísio Teixeira difundiu os objetivos do movimento da *escola nova*, como princípio à evolução do intelecto e da capacidade de julgamento, em prioridade à memorização. Sem dúvida, a exclusão social se converte em violência e no estado latente pode alcançar homens anônimos, que atravessem seu itinerário – e a reação do oprimido se materializa na forma de coação, restando a ilicitude para garantir o estímulo disponível: viver.

Na caminhada dos desiguais, segundo Zygmunt Bauman, cada dia a sociedade usufrui menos contatos entre seus componentes. Uma das frases dele espelha a realidade: *as relações escorrem pelos vão dos* dedos – e assim não é essencial investigar valores passados, mas redefinir valores atuais.

abril, 2015

RETROCESSO DA FARTURA

Apromissora movimentação da estratificação brasileira, engrenada há mais de dez anos, parece desviar-se da original direção, construindo o retrocesso da espiral de crescimento, segundo a última Pesquisa Nacional por Amostra de Domicílio, processada pelo IBGE, que fotografa significativo declínio da média classe média e a expansão da baixa classe média.

Diante da persistente paralisação econômica é admissível conjecturar que o mau desempenho se mantenha neste ano. Entre 2012 a 2013, um quinhão de quase 400 mil jovens, na faixa etária de 25 a 29 anos, despencou da alta e média classe média.

No conjunto que se descortina, o ambiente exibe encolhimento das oportunidades e competição por melhores salários, tornando intrincada a condição dos jovens do cinturão periférico, que ascenderam socialmente e recentemente, diante da elitização no mercado de trabalho, sobretudo, das ocupações sofisticadas.

Sob a ótica dos liberais, o combate à pobreza tem como objeto a composição de uma sociedade em que cada indivíduo reúna condições de valorização dos seus ativos. Para Marx e teóricos socialistas do século XIX, entretanto, a lógica do sistema capitalista é alargar incessantemente a desigualdade entre duas classes opostas – proletários e capitalistas – tanto no âmbito dos países industrializados como entre nações ricas e pobres.

Em 1890, Eduard Bernstein, teórico político alemão e o primeiro revisionista do marxismo, assegurou que a estrutura social possui diferentes formas e que a riqueza se propaga em camadas cada vez mais abrangentes da sociedade.

De qualquer sorte, a prosperidade econômica contemporânea e a transmissão do conhecimento tornam concebível bloquear a revelação profética sobre o cataclismo em que as forças do mal derrotam as do bem, porém não alteram as estruturas do capital e da desigualdade, nem quando os visualizavam nas décadas otimistas.

junho, 2015

A OUTRA
IDADE MÉDIA

No giro pelos Estados Unidos, a presidente Dilma Roussef deplorou a severidade do julgamento aos capturados pela operação Lava a Jato, equiparando-a as sentenças medievais. A caracterização negativa da Idade Média principiou com as críticas à pedagogia nas escolas urbanas dos séculos XI e XII, depois nas universidades, distanciando-se dos caminhos monásticos. Desde o século XIV, Petrarca, pai do humanismo, personificou a Idade Média como a decadência cultural, enodoando a pureza da Antiguidade clássica.

No livro *Para uma outra Idade Média*, Jacques Le Goff recorda, entretanto, que a fase medieval criou a máquina, o relógio, o livro, a bússola e a revolução. A Idade Média almejou a paz e razão; ao mesmo tempo, conviveu com a endemia da guerra, produzindo destruição, sem gigantescas baixas humanas. A hostilidade obedecia à concepção de Santo Agostinho: apenas o combate justo contra os infiéis ou cristãos injustos.

O príncipe tornou-se a única autoridade a declarar o começo ou cessar da beligerância, favorecendo, segundo Jacques Le Goff, a construção do Estado moderno, a partir do século XIII. Na guerra justa, São Agostinho aconselhava misericórdia para com o inimigo.

Os valores da Idade Média se centravam na fidelidade e honra, exercitados pela hierarquia social. A Idade Média reacendeu importância entre simbolistas, nos séculos XIX e XX, que valorizaram a arte medieval. Após a Segunda Guerra Mundial, retorna-se à reação contra a crendice das trevas medievais, conduzindo o movimento Marc Bloch, Georges Duby e Jacques Le Goff, a mesma linhagem de historiadores.

A época medieval, o radicalismo religioso consistiu em reencontrar a vida apostólica, resposta contra os desvios da sociedade. De resto, como todas as épocas, a Idade Média foi uma mescla de êxitos e derrotas, felicidades e dramas, semelhante à vivida pela presidente Dilma Roussef.

julho, 2015

A QUEDA DA OLIGARQUIA

A condenação pela Justiça Federal da cúpula dirigente da empreiteira Camargo Correa, por corrupção, lavagem de dinheiro e organização criminosa, reduziu num melancólico silêncio a mesma casta que dirigia e animava as instituições há longo tempo. Na História do Brasil, a partir de 1894 prosperou forte influência e domínio dos homens ricos e poderosas empresas, modelando a República das Oligarquias.

O Estado brasileiro preservou, como relíquia respeitável, métodos do *ancien régime* dos séculos XIX e XX, daí o efeito negativo no estranho requinte do aparelhamento estatal contemporâneo. O cosmopolitismo de centros urbanos não constituiu perigo iminente para a supremacia dos caixa-altas na sociedade; ao contrário, destampou novos horizontes e despertou ambições novas.

Na ciência política, oligarquia é o formato de governo em que o poder político se concentra numa família, partido ou grupo econômico, exercendo pressão sobre parlamentares e poderes públicos, sem idealizar o controle formal do Executivo, porém, manuseando a administração social e econômica, mesmo a democracia em pleno vigor como sistema.

Na Grécia Antiga, a expressão oligarquia se aplicava negativamente como referência a todo o sistema político comandado por pessoas de elevado poder aquisitivo. Os políticos da Grécia antiga empregaram o vocábulo para designar a forma degenerada e nociva da aristocracia. Assim os governos oligárquicos se baralhavam com as elites econômicas. O filósofo Aristóteles foi o primeiro a adaptar como sinônimo do governo pelos ricos, cujo termo exato hoje seria *plutocracia*.

Ao longo da história houve oligarquias tirânicas, sustentadas na servidão pública, apesar de outras relativamente complacentes. Os movimentos reformadores no Brasil sempre se deslocaram de cima para baixo: a independência e as conquistas liberais, no decurso da evolução política, propagaram-se quase de surpresa. A multidão, como um dos agregados sociais, recebeu-as com displicência ou hostilidade, sem a exalação de uma predisposição espiritual, emotiva particular ou uma concepção da vida bem definida e específica, atingindo a maturidade plena, segundo narra o historiador Sérgio Buarque de Holanda, em *Raízes do Brasil*.

Em contraponto às instituições públicas, a sociedade civil sempre se manifestou por meio da Conferência Nacional dos Bispos Brasileiros, Ordem dos Advogados do Brasil e Associação Brasileira de Imprensa, entidades que se sobressaíram na luta pela redemocratização.

A capacidade de mobilização e atuação de ações de protesto vem sendo confinada pela melhoria nas condições sociais do país, pelas políticas de transferência de renda do governo e pelo apoio oficial à agricultura familiar. A Operação Lava Jato faz transparecer, contudo, a imagem da nação que ainda vive como projeto e aspiração na consciência coletiva da população, sem poder esquivar-se totalmente do Brasil imperial.

agosto, 2015

REVOLUÇÃO DA MENTALIDADE

Na década de 1960, o controvertido cientista político norte-americano Samuel Huntington, influente nos círculos conservadores, disseminou a famosa assertiva: a ausência de solidez da ordem social, política e econômica nos países em desenvolvimento reside na maior velocidade das expectativas das massas de que qualquer governo em equacioná-las.

Samuel Huntington tornou-se célebre por sua avaliação crítica do relacionamento entre militares e o poder civil, principalmente por sua polêmica teoria do choque de civilizações, estimulada pelo historiador polonês Feliks Koneczny. As revoluções de expectativa conceberam nova classe média, cujos integrantes se conscientizaram que outras coletividades desfrutam de mais prosperidade, liberdade ou satisfação do que eles.

A esmagadora maioria da população mundial vive agora em "sociedades de rápida transformação", segundo o economista Moises Naim, em *O fim do poder*. A diferença concentra-se num ponto básico: nos países em desenvolvimento, a classe média está inflando-se, enquanto nos países ricos retraem-se. Tanto uma quanto a outra, contudo, alimenta turbulência política, invadindo vias públicas e combatendo em nome de melhor padrão de vida.

Quase em todo o mundo, as reclamações pela baixa qualidade de novos apartamentos ou casas, hospitais, escolas e universidades, construídos com investimentos do governo, são agora comuns – e no lugar da celebração pela conquista do patrimônio, multidões saem às ruas em protesto, demandando serviços adequados.

Sem dúvida, existem já enraizadas modificações nas expectativas e nos critérios, não somente em sociedades partidárias do liberalismo, também nas mais austeras ou fechadas. É um novo artifício para descortinar a vida com marcantes efeitos sobre o poder – é inevitável que se torne intensa a disparidade de mentalidade e percepção do mundo entre as gerações.

agosto, 2015

TRAÍDO OU TRAIÇOEIRO?

Há mais de dois mil anos, Judas Iscariotes cometeu o incompreensível gesto de entregar seu líder a inimigos impiedosos que o mataram. Desde então, gerações de cristãos vêm transmitindo cega intransigência, que renovando anualmente manifestações de desprezo e repúdio ao episódio, não permitem o mergulho no esquecimento.

Após mais de quatro anos no topo do poder, o vice-presidente da República Michel Temer, em pleno olho do furacão da crise política, desembainhou uma carta de admoestação contra a maior autoridade de governança do país, justamente ele, um dos mais antigos integrantes da cabine de comando.

Até mesmo ortodoxos mandatários da Igreja não mais julgam possível ou provável que trinta moedas de prata tenham sido a causa que estimulou Judas a passar Jesus às mãos dos raivosos adversários políticos, ideológicos e religiosos. Algo forte deve ter identificado Judas ao mesmo ideal do Nazareno.

As alegações de Temer de que estaria isolado no governo não são verdadeiras: a composição ministerial teve a interlocução dele; inclusive, ocupou mais espaço do que os vices nas administrações de Fernando Henrique e Luiz Inácio da Silva, numa simples correlação.

O pesquisador Danillo Nunes analisa, com abundante documentação em *Judas: traído ou traidor*, a teoria de que, desiludido com a passividade de Cristo em relação à opressão de César, teria tramado a delação aos romanos, tornando-se figura central da causa judaica.

À época de Jesus, traidor seria quem rompesse deslealmente compromisso de marcante significação. O ato de trair a confiança ocorreria quando o comportamento de vínculos não obedecesse aos seus padrões éticos, profundamente contagiados pelos valores gregos e cristãos.

Quando Hitler subiu ao poder, Klaus Fuchs, físico e matemático, fugiu da Alemanha e refugiou-se na Inglaterra, transferindo aos dirigentes da extinta União Soviética o segredo da bomba atômica por convicções ideológicas.

Para comunistas, Fuchs foi um herói; entretanto, para a justiça inglesa, que lhe impôs a sentença de 14 anos de prisão – e parte da opinião pública ocidental – foi um perigoso farsante.

Um dos elementos básicos sobre a existência ou não de deslealdade é a motivação que conduz alguém à ruptura dos laços existentes. Quem renega vínculos de honra, impulsionado por sentimentos considerados desprezíveis, tem sobre si a condenação universal. A quebra de pacto por ambição e inveja é estigmatizada como conduta desonrosa. Contudo, para a maioria será ato nobre e até heroico quando aflui por crenças idealistas.

Como político experiente, Michel Temer sabe assumir a maneira de pensar, exprimir sua opinião, calcular com precisão seus passos. Frustrado em seu alvo supremo de ambições de poder, ele demonstrou infidelidade ao governo de quem se fez partidário. Porém, só a História pode julgar se ele foi venal ou patriota, covarde ou herói, traído ou temerário, numa atitude, aparentemente, oportunista.

dezembro, 2015

FUNDAMENTO DO COLETIVO

Na teoria "Lógica da ação coletiva", o economista norte-americano Mancur Olson interpreta o comportamento de indivíduos que se associam para o alcance de algum benefício coletivo, mas que se converta também em vantagem individual.

Para evoluir seu conhecimento metódico e hipotético, Mancur Olson se apoiou no conceito do ganho do conjunto de pessoas como "benefício indivisível": uma vez consumido pelo grupo, não pode ser negado a um dos integrantes, mesmo que não tenha se dedicado em sua posse.

Adaptando modelos econômicos de forma pioneira para o estudo de fenômenos sociais e políticos, o norte-americano Mancur Olson sustenta que a decisão de todo homem sensato, se irá ou não contribuir para a conquista do benefício do conjunto, depende se os resultados exitosos, considerados como prováveis da ação, forem superiores aos custos.

As observações empíricas ou postulados racionais do economista podem traduzir a capacidade do poder principesco que o grupo de deputados, na Comissão de Ética da Câmara Federal, desempenha para livrar da ruína moral da cassação, com fidelidade canina, o truculento presidente da casa, Eduardo Cunha.

Mancur Olson argumenta que grupos menores se inclinam a ter maior adesão de seus membros: o benefício será dividido e significativo para um número reduzido. Segundo ele, grupos maiores tendem a não atingir seu alvo, pois o proveito será diluído a tal ponto que os custos ultrapassarão o saldo do ganho alcançado, desencorajando o participante.

O servilismo dos correligionários de Eduardo Cunha não se apoia na fé e devoção a uma autoridade carismática, a exemplo dos heróis ou profetas, mas na glorificação aos incentivos que conduzem as pessoas a se associarem e conspirarem para granjear vantagem: esse chamado baixo clero almeja, exatamente, semelhante benefício de proteção à sinuosa moral e ética em que habita.

março, 2016

RÉU E JUIZ

Enfeitado com a áurea de processos judiciais contra si, o deputado Eduardo Cunha, presidente da Câmara Federal, ao abrir a sessão plenária de impeachment, evidenciou que a democracia brasileira não consegue derrotar por completo o velho poder oligárquico. Sobretudo, é incapaz de ocupar todos os espaços de um conjunto menor, que controla as políticas sociais e econômicas em benefício próprio.

O movimento operário nasceu com a ideia de que a democracia não passava de uma conquista burguesa e seria necessário um novo modelo de prática política, contudo, pouco a pouco se conformou com a democracia representativa; inclusive, procurou consolidá-la por meio do sufrágio universal.

Ao longo do tempo houve oligarquias tirânicas, sustentadas na servidão pública, embora poucas tenham sido relativamente benignas. Os filósofos da Grécia antiga empregavam o termo para designar a forma degenerada e negativa de aristocracia.

Na História do Brasil, o vocábulo oligarquia foi aplicado para mencionar as primeiras décadas do regime republicano. Entre 1894 e 1930, os latifundiários poderosos utilizavam sua influência política e econômica para traçar os destinos da nação. Apesar da presença de um sistema representativo, a troca de favores, a corrupção do processo eleitoral e os métodos coercitivos impediam a ascensão de grupos políticos diferentes.

A carcomida estrutura política nacional ainda não descortinou que o Estado nunca foi ampliação do circuito familiar, nem a integração de certos agrupamentos. Não existe, entre o círculo familiar e o Estado uma gradação, entretanto, antes descontinuidade e até uma oposição.

A incerteza fundamental entre as duas formas é prejuízo romântico que teve os seus adeptos mais entusiastas durante o século XIX. De acordo com os doutrinadores, o Estado e suas instituições descenderiam em linha reta, e por simples evolução da família. A verdade é que pertencem a ordens diferentes em essência. Só pela transgressão da ordem doméstica e familiar nasce o Estado – e que o simples indivíduo se faz cidadão, contribuinte, eleitor, elegível, recrutável e responsável ante as leis da cidade.

Com o título "Dilma Rousseff, alvo no Brasil de legisladores que enfrentam seus próprios escândalos", o mais prestigiado jornal dos Estados Unidos, *The New York Times*, talvez fotografe a atual realidade com límpida nitidez: a liderança do processo entregue a homens que agem de maneira indefensável e até afrontam aos direitos humanos.

Certa e literalmente, o mais hilariante efeito humorístico esteja na declaração pomposa à imprensa do deputado Paulo Maluf, caçado pela Interpol e proibido de atravessar as fronteiras do país: *"Estou tão farto de tanta corrupção aqui que apoio a saída da presidente Dilma Roussef"*, justamente ela, que não é incriminada de roubar dinheiro público, uma raridade, segundo a publicação diária norte-americana.

abril, 2016

DEMOCRACIA CORROMPIDA

Com a configuração de golpe branco, a exemplo do Paraguai em 2012, ao ser destituído, o presidente Fernando Lugo, o Senado começou o julgamento do possível sequestro de comando do país de Dilma Roussef, seguindo a letra ardilosa da trama, porém longe da Constituição. O processo, incessantemente batizado de impeachment pelos opositores, deixa o sabor amargo pela significação internacional do Brasil.

O conjunto de atos transformou a nação em mais um embrulho metafórico, além da insuficiência institucional, de cultura política – e ausência de veracidade das ações, fruto do sentimento de rancor que lhe deu origem.

A corrupção generalizada adoece a democracia e daí emerge o embrião de determinada classe política cínica e oportunista. Se Dilma for despojada, o processo se repetirá mais adiante, contra qualquer um que seja eleito – e Michel Temer possui imenso telhado de vidro.

A deposição de um presidente ou outra alta autoridade deve ser recurso extremo, existindo requisitos especiais. O Brasil sempre foi considerado a nação mais estável da América Latina, seguido pelo Chile, apesar de ser o gigante com pés de barro pela pobreza e subdesenvolvimento.

A luta pela democracia começa com o Terceiro Estado durante a Revolução Francesa, porém se prolonga nas décadas seguintes sob o protagonismo do proletariado e dos movimentos sociais. Esses agentes, por meio de mobilizações, pacíficas ou violentas, conquistaram direitos antes julgados utópicos, cujo resultado prático consistiu em convergência à igualdade política.

O filósofo argelino-francês Jacques Rancière, professor emérito de Filosofia da Universidade de Paris VIII, em seu livro *O mestre ignorante: cinco lições de emancipação intelectual*, publicado em 1987, incita os leitores a refletir a igualdade como um ponto de partida e não como destino.

Num tempo já envelhecido, os sistemas políticos carregavam a legitimidade dos governantes em dois tipos honoríficos: a superioridade de nascença ou a de riqueza. O caráter peculiar da democracia deriva justamente de sua autorização ao mandato de qualquer um, segundo Jacques Rancière, sem necessidade da posse de títulos aristocráticos ou acadêmicos para ingressar no universo de gestores.

Thomas Marshall, sociólogo britânico, analisou o desenvolvimento da cidadania como dos direitos civis, seguidos dos políticos e sociais, nos séculos XVIII, XIX e XX, sustentando que o Estado é reconhecido como o ator eficiente para conciliar interesses contraditórios na relação capital/trabalho e garantir o bem-estar social.

A democracia é tanto liberdade como método de autodisciplina para estabelecer regras precisas do jogo do poder. Desvalorizar tais princípios é uma das causas da debilidade republicana na região latino-americana. Antes de continuar em direção ao despenhadeiro, o melhor é recolher o que vai sobrar da algazarra da projetada agenda econômica liberal e a sociedade vigiar a porta do labirinto político caboclo.

maio, 2016

O RASPUTIN BRASILEIRO

Filho de camponeses, Grigoriy Rasputin nasceu na Sibéria. Ainda criança, moradores do seu vilarejo natal supunham que ele era detentor de poderes sobrenaturais. Na adolescência, seguiu para o mosteiro de Verkhoture, porém, nunca completou os estudos: casou-se e mudou-se para São Petersburgo, quando conheceu o Czar Nicolau II e toda nobreza.

O monge foi procurado pelos soberanos para curar Alexei, herdeiro do trono, portador de hemofilia – e Rasputin se transformou no único ser capaz de estancar as hemorragias do príncipe. A czarina Alexandra Feodorovna concentrou nele uma disposição cega para ouvi-lo e confiança ilimitada, identificando-o como "mensageiro de Deus". Todavia, seu comportamento devasso permitiu denúncias de políticos contra ele.

Rasputin estimulou espanto por safar-se da morte: primeiro, infectado num jantar, sua úlcera crônica fê-lo expelir o veneno. Sofreu a segunda tentativa de envenenamento durante outro banquete, no qual lhe ofereceram pudim com cianeto de potássio – e, assim, imputaram-lhe poderes satânicos. Posteriormente, foi alcançado por onze tiros, mas sobreviveu. Castrado e arremessado inconsciente no Rio Neva, morreu, não pelos ferimentos, entretanto, por hipotermia.

Em suas andanças pela política, Eduardo Cunha, afastado provisoriamente do mandato, aparenta ser a caricatura brasileira de Rasputin: inserido no núcleo da campanha presidencial de Fernando Collor de Mello pelo tesoureiro Paulo Cesar Farias, converteu-se em figura tradicional nos escândalos e deslizes na administração pública, personificação do trapaceiro invencível, inesgotável nos deslizes, sem escrúpulos, sem remorsos. Numa comparação extravagante, ao visitar a residência oficial do então governador e amigo pessoal, Anthony Garotinho, Eduardo Cunha foi objeto de emboscada à bala na zona portuária do Rio de Janeiro. Escapou ileso. Agora tenta esquivar-se da dolorosa morte política.

julho, 2016

O RETORNO À COERÇÃO

Em quase 200 anos, o mecanismo de ajuste da produção capitalista ampliou a geração de riqueza, tornou exequível a acumulação de capital e aprofundou a desigualdade. Em cada evolução espiralar da história, os trabalhadores equacionam novas formas de batalha para reorganizar as regras que direcionam a distribuição de renda.

Após o segundo conflito mundial, solidificaram-se o Estado moderno, a democracia e os pactos sociais, além da proteção laboral, contendo em si um sistema tributário progressivo e um sindicalismo capaz de tornar unidas categorias organicamente separadas.

A terceirização se transformou em clareza súbita, lampejo de inteligência, para o empresariado reduzir custos da planilha de produção, um estilo para debilitar o movimento sindical. Arrocho salarial, desigualdade e pobreza são expressões da ideologia do atual governo.

Como se fosse portador do modelo de excelência, o neoliberalismo advoga a diminuição do tamanho do Estado, redução de impostos, liberação do acesso aos mercados. A lógica neoliberal castra o poder de proteção coletiva dos sindicatos e aumenta a coerção das empresas sobre os trabalhadores.

No último quarto do século XX, os movimentos populares e progressistas foram dizimados pela poderosa ofensiva neoconservadora, montada sobre o impacto da dívida externa dos países subdesenvolvidos, do esgotamento das políticas protecionistas e da derrocada ideológica, política e econômica do campo socialista do leste europeu.

Essa ofensiva facilitou a imposição ao mundo de dogmas e políticas neoliberais, cujos efeitos nocivos, 30 anos mais tarde, já repercutem nos países desenvolvidos.

Inaugurada na década de 1980, a Nova República começou sua vida sob o signo da insegurança, após a crise econômica e política. A transição democrática continua processando-se por etapas, aparentemente desencontradas como agora, sem capacidade de superar o atraso social e virar nação digna do nome.

agosto, 2016

EM BUSCA DA RELEVÂNCIA

No controle da secretaria geral da Organização das Nações Unidas, ninguém espera que o português Antonio Guterres arrume o mundo, pois terá que enfrentar os conflitos na Síria e Ucrânia, a onda de refugiados, pobreza de milhões de crianças e ameaça nuclear da Coreia do Norte.

António Guterres, 67 anos, tornou-se familiar no universo diplomático quando pelejava com o tema dos expatriados, um dos mais urgentes na agenda global. A votação formal ocorreu no Conselho de Segurança da ONU – e os 15 integrantes o elegeram por aclamação. Uma de suas principais ações foi ampliar o contingente de funcionários nas áreas conflagradas para melhorar o atendimento no próprio local.

Nascido em Lisboa, diplomado em Física e Engenharia Elétrica, Guterres foi primeiro-ministro de Portugal entre 1995 e 2002. Ele começou sua carreira política no turbilhão da Revolução dos Cravos, movimento que sepultou a ditadura salazarista – e um dos principais líderes do nascente Partido Socialista.

A Organização das Nações Unidas ou, simplesmente, Nações Unidas, é uma instituição arquitetada após o término da Segunda Guerra Mundial. À época da fundação, a ONU agasalhava 51 nações e agora somam 193. A organização é financiada com contribuições avaliadas e voluntárias dos países-membros. Seus objetivos incluem manter a segurança e a paz mundial, promover os direitos humanos, o desenvolvimento econômico e o progresso social, proteger o meio ambiente, prover assistência humanitária nos desastres naturais e conflitos armados.

Antônio Guterres sucede o sul-coreano Ban Ki-moon, sem carisma e com liderança titubeante para conduzir a ingrata tarefa de situar-se entre as cinco potências. Como diplomata de carreira e oitavo secretário-geral, Ban Ki-moon conquistou, entretanto, a reputação de modesto e competente. Mesmo assim, ele recebeu duras críticas da auditoria interna da ONU, pontuando que o secretariado, sob seu bastão, estava "à deriva na irrelevância".

De 2005 a 2015, Antônio Guterres dirigiu a agência responsável pelos desterrados, promovendo reformas que aprimoraram seu desempenho – e hoje é um dos órgãos mais eficientes da ONU, antes criticado, frequentemente, pelo excesso de burocracia e débil impacto no futuro dos exilados.

No conjunto da diplomacia internacional domina a concepção, porém, que, graças à experiência dele no Alto Comissariado para Refugiados, terá ferramentas suficientes e adequadas para encarar os desafios. Como seus antecessores, contudo, dependerá da disposição de cinco membros com direito a veto, verdadeiros mandachuvas das Nações Unidas.

Em todo caso, sua missão é retirar a ONU da carência de relevo e importância num mundo da automatização e comunicação do homem com máquinas – e descortinar caminhos da concórdia universal. No entanto, as tensões entre Rússia e Estados Unidos devem complicar a gestão de Antonio Guterres, apesar de despertar aprovação e simpatia.

outubro, 2016

O MOVIMENTO CONSERVADOR

Ofantasma do pensamento conservador, que assombra o mundo mesmo antes do impremeditado triunfo eleitoral de Donald Trump, desenha contornos de uma arquitetura social em que predomine o interesse do capital sobre o cidadão, o público seja irrelevante diante do privado, o individualismo suplante o coletivo.

No ambiente da sociedade civil estão as raízes da construção do conjunto ideológico contrário às mudanças ou adaptações de caráter moral, político e social, seduzindo mais adeptos a cada dia – e tornando frequentes as manifestações de intolerância contra afrodescendentes, sobretudo os que tributam culto ao candomblé, e homossexuais.

Dos séculos XI ao XIII, a linha de frente das tensões sociais se convergia no campo, conduzida pelos burgueses que cobiçavam assegurar para si o poder político, assim garantindo fortuna, aumentando prestígio e controle econômico. O camponês era observado como animal selvagem, apenas de longe sugeria traços humanos.

Por causa do ideal do Cristianismo, a Igreja Católica era sempre convocada a manter o equilíbrio da balança entre pobres e ricos, camponeses e senhores; inclusive, apoiar e contrabalançar a fraqueza dos que revelavam pobreza, construindo o reino da harmonia social, segundo o historiador Jacques Le Goff, em sua obra *A civilização do Ocidente Medieval.*

Em pleno século XXI, na sociedade brasileira, identificada por profundas e crônicas desigualdades, que perdeu o perfil rural velozmente e concentra quase 90% de sua população nas cidades, principalmente nas metrópoles, o cotidiano de milhões de famílias é demarcado por problemas de moradia inadequada, precariedade de serviços públicos, violência e desagregação dos laços domésticos.

Nessas regiões afastadas do centro urbano elitizado vicejam as organizações fundamentalistas e sua Teologia da Prosperidade, instrumento capaz de trazer para si multidões com baixa renda, uma parcela com ensino fundamental incompleto e outra mergulhada no analfabetismo.

No catecismo da ideologia conservadora existe pregação contra a liberalização do aborto, casamento mantido por pessoas de idêntico sexo e combate aberto aos partidos políticos de esquerda.

Há também a guerra incessante contra Satanás e o pecado, meio furtivo de ataque a outras crenças opostas aos seus valores – e os disciplinados fiéis são os gladiadores.

No século XVIII, os filósofos lutaram pela liberdade de pensamento, mas a burguesia, ao conquistar o poder, compreendeu o quanto era determinante desviar a atenção do povo com "esperanças religiosas" – e em semelhante pegada, essas instituições, que enfatizam a interpretação literal da Bíblia como essencial à doutrina cristã, elaboram seu projeto de domínio político.

novembro, 2016

BANDEIRANTE
E PIONEIROS

O livro *Bandeirantes e pioneiros*, produção acadêmica do historiador Vianna Moog, tornou-se a primeira tentativa de interpretação comparativa dos fenômenos que compõem a base do desenvolvimento cultural brasileiro e norte-americano, postulados ainda válidos para qualquer investigação sobre pontos que unem ou divergem as duas nações.

Na campanha mais polarizada da história recente norte-americana, Donald Trump e Hillary Clinton, ambos ostentadores de autoadmiração, reproduziram a mesma linguagem grosseira do bandeirante no Brasil e a do pioneiro nos Estados Unidos.

O processo de lá, contudo, diferencia-se do sistema daqui: as comunidades escolhem delegados cujos números dependem da quantidade de residentes de cada estado. Em quase todos, o vencedor do sufrágio popular carrega os votos do Colégio Eleitoral.

Apesar do diferencial na dinâmica eleitoral, as ações ardilosas são análogas: no quarto pleito dos Estados Unidos, em 1800, ficou exposta uma das falhas da Constituição. Cada integrante do colégio eleitoral poderia consagrar dois candidatos à presidência, o segundo mais votado se tornaria o vice.

Diante da lacuna constitucional, o Partido Democrata-Republicano determinou que um dos seus representantes desistisse de votar no ex-senador Aaron Burr, transformando Thomas Jefferson no vitorioso. O plano se deteriorou na prática: com empate, o problema caiu nas mãos da Câmara dos Representantes – e o federalista Alexander Hamilton, apesar de detestar ambos, inclinou-se em favor de Thomas Jefferson, o que lhe permitiu residir na Casa Branca.

Epílogo do caso dos pioneiros: o comportamento de Alexander Hamilton foi uma das razões do duelo com Aaron Burr e da sua própria morte em 1804. Para os bandeirantes, ainda há o sonho milenar que Prometeu passou a Ahasverus no conto de Machado de Assis: "Os tempos serão retificados. O mal passará".

novembro, 2016

RAÍZES DO
VELHO ENGENHO

Essas denúncias são apressadas, feitas nas coxas, e demonstram o caráter de vingança do Ministério Público!" – vociferou o presidente do Senado, Renan Calheiros, em linguagem ralé ou grosseira, no mesmo tom ameaçador do coronel da casa-grande para fazer-se ouvir na senzala.

O desaparecimento do obsoleto engenho, devorado pela usina moderna, o desprestígio do antigo sistema agrário e a ascensão dos senhores de empresa, idealizada à maneira da unidade comercial ou industrial urbana, indicam, em formato transparente, o rumo e a evolução da política no Brasil.

Os antigos proprietários rurais, impotentes pelo impacto da Abolição, mantiveram-se em posição de desvantagem para intervir nas novas instituições. A República, que não criou patriciado, mas a plutocracia – o governo das classes mais abastadas da sociedade – ignorou-os por completo.

A imagem da nação que vive como aspiração na consciência coletiva não pôde desligar-se até hoje do espírito do país imperial. A concepção figurada de Estado não é apenas válida para a vida interna, é possível conceber em sentido diverso, sobretudo, no cenário internacional.

O Estado e a política têm em comum o fenômeno do poder como referência. Durante séculos, a organização política foi objeto de reflexão sobre o homem social. A família foi considerada por Aristóteles como a primeira configuração embrionária e imperfeita da polis – e o seu tratamento foi colocado no início da política, segundo o italiano Norberto Bobbio, filósofo do pensamento político, em seu livro *Estado, governo, sociedade para uma teoria geral política.*

O Estado não é uma ampliação do círculo doméstico e tampouco integração de adequados agrupamentos, certas vontades particularistas. Não existe entre o círculo familiar e o Estado uma gradação, contudo, uma descontinuidade e até uma oposição.

De acordo com doutrinadores, o Estado e suas instituições descenderiam por simples movimento gradativo e progressivo da família. Só pela transgressão da ordem familiar é que nasce o Estado – e o simples homem se ordena cidadão, contribuinte, eleitor, elegível e responsável diante das leis.

Ostensivamente ou não, a ideia que recai na preferência do poviléu para o prestígio da nação no exterior é a do gigante sem afetação, sem malícia. O brasileiro não ambiciona ter a admiração por viver num país conquistador – e detesta soluções violentas, conforme anotação do historiador Sérgio Buarque de Holanda, em *Raízes do Brasil*.

Simultaneamente, a tese de que o comportamento arrogante de Renan Calheiros e seus apóstolos nada constrói de duradouro na República, apenas ilusão da mitologia liberal, a história ainda está afastada no espaço ou no tempo para confirmar isso.

dezembro, 2016.

O COLAPSO DO CAPITALISMO

Com a probabilidade de ampliação do desemprego no Brasil em 2017, as diferenças históricas no mercado de trabalho entre homens e mulheres devem elevar-se também ao extremo. Há tempos, as ciências econômicas examinam minuciosamente e encaminham distintas explicações para o fenômeno.

Prêmio Nobel de Economia em 1992 e Medalha Nacional de Ciências, Gary Becker ensinou, há seis décadas, que tais divergências não são necessariamente produto da discriminação arbitrária ou por gosto sensorial do empregador, mas a partir de traços básicos para o desempenho laboral do indivíduo.

Pioneiro em aventurar-se nos espaços de conduta e interação humana contemplados aos sociólogos, como discriminação racial, crime, organização familiar e drogas, Gary Becker argumentou que muitos dos diferentes tipos de comportamento individual ou social estão centrados na maximização da satisfação relativa ou nível de rentabilidade, logrados no uso de algum objetivo concreto.

Da mesma forma, a legislação trabalhista contribui na composição do evento, gerando investimentos adicionais à contratação de mulheres em comparação à dos homens. Códigos que regem a relação capital/trabalho, em países especialmente da América do Sul, impõem que empresas, com 20 ou mais funcionárias, ofereçam setor destinado à assistência aos seus filhos menores durante a jornada de trabalho. Ao final, percentual significativo do custo, desse gênero de dispositivos legais, termina sendo transpassado no próprio universo feminino.

Todavia, nas economias modernas, em que as diferenças educacionais entre homens e mulheres se erradicaram ao mesmo tempo em que a competência no mercado tem burilado o juízo avaliativo crítico, sob ângulos variados e habilidades diversas, contabilizam-se estáveis reduções nas odiosas diferenças por sexo em salários e postos de trabalho. Sem dúvida, tais mecanismos, ao contrário da ingênua imposição de igualdade por lei, vêm apresentando escala ascendente de sucesso.

A agitação intensa e vertiginosa do desemprego se espalha no momento em que há um modelo emergente: o capitalismo perderá a dominância e dará lugar à economia colaborativa em meados do século XXI, segundo previsão no best-seller do economista Jeremy Rifkin, *Sociedade com custo marginal zero*.

A presença de milhões de pessoas na ociosidade involuntária nos tempos atuais, trocadas por máquinas, não é exatamente causa para pânico: Jeremy Rifkin pressente oportunidades para empreendedores sociais e empregos em organizações sem fins lucrativos. O dinamismo e a eficiência produtiva do novo sistema, adicionados à evolução da nanociência e nanotecnologia, serão responsáveis pelo colapso do capitalismo, ágil no passado para organizar a economia.

janeiro, 2017

A ERA DA
PÓS-VERDADE

Como no século XX ao amanhecer do século XXI, a sociedade do conhecimento alcançou sua plenitude, referência histórica sem precedentes: o acesso à erudição se tornou um bem massificado. Nunca o homem comum dispôs de tanto conhecimento adquirido para decidir sobre saúde e segurança, inclusive, sua prosperidade. A verdade foi a base dessa sociedade. Sem ela não haveria teoria, apenas opiniões desordenadas.

Para alcançar a verdade, a sociedade beneficiou-se de instituições sofisticadas, que a procuraram ao longo dos séculos: de um lado, a universidade e seus rigorosos procedimentos para estabelecer os axiomas; do outro, a Justiça, sustentada num Estado de Direito, para interpretar os elementos objetivos do acontecimento temporal.

Antes que alguém imaginasse, a sociedade do conhecimento está chegando ao término, encerrando um dos períodos mais curtos da história. A causa do inesperado epílogo é perceptível: a acelerada erosão da verdade está cedendo espaço à era da pós-verdade.

Segundo os Dicionários Oxford, pós-verdade "se relaciona ou denota circunstâncias nas quais fatos objetivos têm menos influência em moldar a opinião pública do que apelos à emoção e a crenças pessoais".

Rompidos os pilares da estrutura da verdade, a sociedade do conhecimento cambaleia e suas melhores organizações se debilitam perigosamente. Sob a luz da contradição, a mesma natureza que a originou é a que ameaça agora sua existência: a ampliação do acesso à distribuição da informação com baixo custo.

No contexto de uma extraordinária facilidade para disseminar ideias, feitos e mensagens, a pós-verdade compete vantajosamente com a verdade, beneficiando-se das redes sociais, sem enfrentar os fundamentos para entender os eventos ou a realidade. Na ruína da sociedade do conhecimento e no advento da pós-verdade, surge no horizonte uma humanidade globalizada e densamente populosa – e o formato de relacionamento do homem com o mundo, como constrói informações e se comunica.

Há meio século, o filósofo francês Régis Debray, autor de *Revolução na revolução*, cartilha da guerrilha e companheiro de Ernesto Che Guevara nas selvas bolivianas, sustentou entusiasticamente: *"Uma ideia não é eficaz porque seja verdadeira, porém, por ter sido elaborada como tal"*.

A democracia e a transformação humana, que o Ocidente desembarcou orgulhosamente no século XXI, podem ser vítimas da ausência de reflexão, cálculo ou premeditação da pós-verdade. Talvez, a assertiva da composição "Sinceramente teu" do poeta espanhol Joan Manuel Serrat, doutor *honoris causa* pela Universidade Complutense de Madrid em reconhecimento ao seu tributo à cultura, seja capaz de reverter à nova visão de universo: *"Nunca é triste a verdade"*.

março, 2017

ÚLTIMA REVOLUÇÃO PASSIVA

Algo deve mudar para que tudo continue como está" – ensina o príncipe Fabrício de Salinas – personagem no romance *O leopardo*, clássico da literatura política, do aristocrata e culto Tomasi di Lampedusa – diante da inevitável decadência da nobreza e ascensão de nova classe na Itália do final do século XIX, endinheirada, destituída de sangue azul, contudo, ansiosa por tê-lo ou comprá-lo.

"Façamos a revolução antes que o povo a faça". Essa frase, atribuída ao governador de Minas Gerais, Antônio Carlos Ribeiro de Andrada, expõe a ideologia da Revolução de 1930, promovida pelas oligarquias dissidentes com a política do café com leite, estrutura de poder durante a República Velha, consistindo no predomínio político dos cafeicultores de São Paulo e fazendeiros de Minas Gerais, que se revezavam no comando do país.

Os dois eventos, distantes historicamente, enquadram-se no conceito de *revolução passiva*, categoria que surgiu durante os estudos do filósofo e marxista Antônio Gramsci sobre a forma de transmutação burguesa, sem o protagonismo popular, inclusive capaz de instrumentalizar a análise do liberalismo conservador.

Na sociologia histórica norte-americana também há, no trabalho de Barrington Moore Jr., ideia similar expressa na concepção de "modernização conservadora". Em seu livro *Origens sociais da ditadura e democracia*, Moore compara maneiras coerentes de solução do problema agrário e o tipo de sociedade estruturada a partir do campo.

No Brasil, os movimentos dos detentores do poder sempre desembocaram na transferência pelas elites para o Estado – militares ou burocratas – a tarefa representativa de controlar e reprimir as massas subalternas. Assim, o conceito gramsciano de "revolução passiva" aplicado ao caso brasileiro pressupõe o fortalecimento do Estado em favor das forças hegemônicas

A modernização capitalista brasileira teve autoria do Estado, sem "revolução burguesa", fato registrado também no latifúndio e na dependência ao capital alienígena. A propriedade de vasto domínio rural transformou-se em empresa agrária e o capital estrangeiro no acelerador da industrialização.

Nessa última guerra de espaço entre oligarquias no assalto ao poder, votar a reforma trabalhista e previdenciária pelo Congresso, no momento, seria uma manifestação de menosprezo à história, apesar de não se esperar o mínimo de cerimônia com os escrúpulos.

Na realidade, não é o governo de Michel Temer que esteja sem forças morais. A crise demonstra a bancarrota do sistema político. A última tentativa de revolução passiva, entretanto, está em curso: na eleição indireta, o ex-ministro Nelson Jobim e o Senador Tasso Jereissati são opções de consenso da minoria que conserva a posse do poder.

abril, 2017

A DEMOLIÇÃO DO ESTADO SOCIAL

Na última sexta-feira, dia 12 de maio, Michel Temer comemorou um ano na condição de titular do Poder Executivo federal, sem foguete, sem retrato, depois de confuso e falsificado processo de impeachment. Sob qualquer ângulo, a gestão do atual governo é deficiente, carregando insuportável rejeição popular e anêmica legitimidade.

O panfletário oficial "Ponte para o futuro" apoia a doutrina do Estado mínimo, conceito em caducidade no resto no planeta, mas agenda do governo que se tornou adequada à iniciativa privada – e a condição indispensável de apoio da elite social, econômica e política do país ao novo mandatário.

Para garantir a efetivação do programa, os poderosos conglomerados econômicos têm propiciado ao presidente Michel Temer solidificar o alicerce parlamentar, especialmente de controle nos campos liberal e fiscal, além de dispor a influência de quem chefia os demais poderes em apoio às decisões governamentais.

Quanto mais a operação Lava Jato amplia tentáculos mais Michel Temer demonstra ser imprescindível ao mundo empresarial, assentando profundamente as medidas fiscais, liberalizantes e desregulamentadoras da economia, sobretudo das relações capital/trabalho.

Em paralelo à porta escancarada da economia, o ponto central do governo reside na implosão lenta e gradual do Estado social, principalmente na seguridade e direitos trabalhistas. Sob o ponto de vista ideológico, a proposta é acolhida sem qualquer debate pelo bloco aliado ao governo.

Sem resistência popular organizada e permanente, o governo, com sua linha basicamente neoliberal, mostra sua tendência da prática refinada de reformas, que se traduzirão em nova roupagem do Estado, capaz exclusivamente de privilegiar a propriedade privada e quitar compromissos com credores das dívidas internas e externas.

No projeto de desmonte, existe igualmente a desvalorização dos servidores públicos, com a poda das prerrogativas legais e correção dos efeitos inflacionários sobre o salário, além de vedar novas contratações no decorrer de duas décadas, especialmente nos setores vitais de saúde, educação e segurança pública.

Ao encurtar o tempo das reservas petrolíferas, num processo predatório, o governo Michel Temer está consciente da destruição do complexo industrial brasileiro e soterrando o próprio desenvolvimento do país, apesar das pesquisas indicarem o rechaço da população.

Da mesma forma, ele tem a nítida percepção, se não materializar as mudanças empenhadas ao capital, estará na linha do extermínio político. Ainda contra o governo: demonstra perder as rédeas de comando dos seus partidários no Congresso, só lhe restando recorrer à ajuda ao baixo clero parlamentar, ironicamente o mesmo que propiciou a derrubada de Dilma Rousseff.

maio, 2017

DESIGUALDADE SOB OLHAR AMPLO

No último documento informativo – "Panorama Social da América Latina" –, a CEPAL, um dos braços das Nações Unidas, fotografa eloquente desigualdade entre a população de afrodescendentes e outras etnias: no âmbito da saúde há registro de preocupantes taxas de mortalidade infantil, incorporando o rosário de outros indicadores.

Pelo cálculo da probabilidade, a expectativa de um menino ou menina afrodescendente morrer antes de alcançar um ano de vida é sistematicamente superior à de outros grupos étnico-raciais. Ao mesmo tempo, as condições de pobreza em que vivem as mulheres de raça preta sul-americana agravam suas condições de saúde, além das limitações de acesso e acessibilidade cultural aos serviços médicos especializados.

O tráfico de escravos, organizado pelos conquistadores europeus, quase 400 anos, compõe a maior deportação transoceânica da história: os interesses econômicos das metrópoles coloniais demandaram crescente mão de obra serva para múltiplas atividades, desenhando profundo efeito na distribuição dos habitantes afrodescendentes, perceptível até hoje nos países da região.

Historicamente, a população presa às origens da diáspora africana permaneceu, ao longo dos séculos, em posição desvantajosa, juntamente aos povos indígenas, mergulhada em níveis condenáveis de penúria material, exclusão social e política. O Brasil é a nação onde reside maior parcela de afrodescendentes, tanto em termos absolutos como relativos. Cuba vem em seguida, somando algo mais de quatro milhões de negros, equivalendo a

35,5% da população total. Nos países do Cone Sul, os escravos alforriados foram praticamente dizimados nas guerras pela independência.

Segunda a pesquisa cepalina, comandada pela socióloga brasileira Laís Abramo, diretora da Divisão de Desenvolvimento Social, um traço característico das populações afrodescendentes é que são eminentemente urbanas – e se encontram distribuídas praticamente em todo o território nacional de cada país da região.

No âmbito da educação também há lacunas profundas nos países da região. A percentagem de jovens afrodescendentes, entre 18 e 24 anos, presentes em estabelecimentos educativos oscila 16,9 por cento no Uruguai e 41,4 na Argentina, inferior à percentagem dos jovens brancos, panorama similar na maioria das nações da América Latina. Essa ferida crônica se amplia na formação científica e técnica de nível universitário.

Enfim, o estudo revela que a falta de equilíbrio étnico-racial entre homens e mulheres e associada ao ciclo de vida constitui eixos da matriz da desigualdade social. Ela se manifesta em diversos âmbitos do desenvolvimento comunitário latino-americano, especialmente nos quesitos saúde, educação e trabalho.

junho, 2017

SEM OS GENES
DOS PRIMOS

Os chimpanzés, primos dos humanos, vivem em bandos de 20 a 50 indivíduos, constituindo robustos laços de afeto – e sua estrutura social obedece à rígida hierarquização, segundo o historiador israelense Yval Noah Harari no best-seller *Sapiens, uma breve história da humanidade.*

Quando dois machos disputam o *comando* do poder, compõem acordos dentro da comunidade. Os laços entre os membros da coalizão se baseiam em contato íntimo: abraçar, beijar, tocar, alisar e favores mútuos. O macho vitorioso conquista a posição de liderança não porque seja mais forte fisicamente, mas por liderar alianças amplas e estáveis.

O dominante se esforça para manter a concórdia social do grupo. Quando dois integrantes brigam, ele intervém e impede a violência. Em atitude severa, ele pode monopolizar alimentos particularmente cobiçados como punição.

Assim como os chimpanzés, os políticos em campanha eleitoral também saem por aí distribuindo apertos de mão e beijando criancinhas. Mas a vida dos homens não é harmoniosa em comunidade: o declínio alterna-se com a ascensão, a guerra com a paz, as crises com os surtos de crescimento. A prática política e social é repleta de contradições e tensões.

De 2015 para cá, no Brasil, os acontecimentos traçam um cruzamento de sentimentos: quem apoiou o golpe para a derrubada de um governo legítimo está acabrunhado, decepcionado. Paralelamente, chega à fronteira do ridículo a acrobacia moral do trio formado pelo presidente Michel Temer, senador Aécio Neves e ministro Gilmar Mendes para salvar o projeto de poder e as escaramuças dos desnorteados aliados para conservá-los na representatividade dos cargos.

De acordo com testemunhos de comerciantes holandeses no século XVII era impossível fazer negócio com um brasileiro antes de se estabelecer amizade. A informalidade era – e permanece até hoje – uma forma de se preservar o apreço entre pessoas.

Na vida política nacional, torna-se comum ignorar as leis em favor da benevolência. Desmoralizada, a prescrição escrita não tem tanto valor quanto a palavra do conchavo.

Em paralelo, o fato de desconhecer os dispositivos legais é prova de boa vontade e gesto de confiança, o que favorece boas relações de comércio e tráfico de influência.

As ruas ainda não conseguiram modificar a cabeça ética do Congresso Nacional. No último protesto "Fora Temer", a multidão que vociferou contra Dilma Roussef não compareceu no Farol da Barra, mas o país caminha em direção à deterioração institucional.

O historiador Sérgio Buarque de Holanda, em *Raízes do Brasil*, avisa, entretanto, que a cordialidade do brasileiro não deve ser entendida como caráter pacífico. Ele é capaz de guerrear e até mesmo destruir, ao contrário dos chimpanzés. Contudo, suas razões animosas serão sempre emocionais.

junho, 2017

A QUARTA REVOLUÇÃO ÀS AVESSAS

O termo *sucroenergético* significa produção de açúcar mais álcool e energia elétrica. No passado, as usinas apenas manufaturavam açúcar e álcool e desprezavam a biomassa. Hoje, ela serve também para gerar energia elétrica própria – e fora movimentar a unidade industrial, o excedente é adicionado à rede convencional. Somente um centro de sofisticada tecnologia, implantado na cidade paulista de Piracicaba, é capaz de monitorar on-line operações de 24 usinas, simultaneamente. O núcleo controla, além do tráfego de caminhões, a análise de cana e laboratórios. Com o sistema foi possível elevar o total da colheita diária por aparelho de 450 para 820 toneladas. A confrontação parece delirante: um equipamento realiza a tarefa de 100 homens. Segundo estudo do Instituto de Economia Agrícola, a cada 1% de aumento na colheita mecanizada, 702 postos de trabalho desaparecem para sempre. Em 2007, a mecanização atingia 42%, 10 anos depois o índice alcança 99%.

As máquinas surgiram na década de 1990, incorporadas velozmente em meados da década passada, cinco séculos após a chegada das primeiras mudas de cana no país. A partir do exemplo, a discussão sobre impactos econômicos e sociais tem a faculdade de irradiar-se por imediatas mudanças estruturais, contribuindo na ascendente desigualdade – e dotada de aceleração no movimento da quarta revolução industrial.

Demagogicamente, o conturbado governo Michel Temer promete aos 14 milhões de brasileiros desempregados, com reformas em favor de grupos econômicos, retorno à atividade laboral, tentando ocultar a verdadeira realidade contemporânea: robôs e algoritmos estão substituindo o trabalho pelo capital.

Na verdade, os mercados de trabalho se encontram enviesados: os vencedores são os únicos capacitados de participação plena nos ecossistemas à inovação, novas ideias, outros modelos de negócios, produtos e serviços – e não a mão de obra que pode vender exclusivamente trabalho não qualificado ou capital comum.

A crescente desigualdade é mais do que um fenômeno econômico, construindo gigantesco desafio para as sociedades. Os acadêmicos britânicos Richard Wilkinson e Kate Pickett revelam que sociedades desiguais tendem a ser mais violentas, com maior índice de pessoas nas prisões, maiores níveis de obesidade, ampliação de doentes mentais, baixa expectativa de vida e baixos níveis de confiança.

Outros pesquisadores descobriram que níveis elevados de desigualdade aumentam a segregação e interrompem a formação educacional dos jovens. Se os desempregados dependerem da revolução de Michel Temer às avessas para que retomem seus empregos, o cenário será profundamente trágico: os avanços tecnológicos já se encontram presentes e eficientes a cada dia.

julho, 2017

OS MARTELETES SILENCIOSOS

Em artigo didático, o jurista Dalmo Dallari sustenta que a condenação do ex-presidente Luis Ignácio pelo juiz Sérgio Moro, em processo criminal, sem a sentença apontar a prática de qualquer crime, "é manifestamente ilegal". Segundo o professor emérito da Universidade de São Paulo, a decisão contém evidente motivação política, configurando comportamento inconstitucional – e o magistrado está exposto à punição pelos órgãos superiores.

Publicado no ano de 1487, enfeixado pelos frades dominicanos alemães Heinrich Kramer e James Sprenger, *O martelo das feiticeiras*, baseado na bula *Summis desiderantes*, emitida pelo Papa Inocêncio VIII, é um complexo e completo manual sobre torturas e julgamentos, a partir da coleta de provas até o interrogatório.

Durante 300 anos, *O martelo das feiticeiras – Malleus Maleficarum* – tornou-se a Bíblia do inquisidor e um dos momentos mais terríveis do Cristianismo: o livro, diabólico na concepção, redação e escrito no esplendor do Renascimento, converteu-se no apogeu ideológico e pragmático do tribunal eclesiástico, criado pelo Vaticano no século XIII para investigar e julgar sumariamente pretensos hereges e feiticeiros, acusados de crimes contra a fé católica.

Sem dúvida, o combate à corrupção no Brasil oferece revelações assustadoras à sociedade – e as investigações devem ir até o final, porém, não como instrumento puramente de prisão cautelar, forçando confissões e delações, a exemplo dos ensinamentos em *Malleus Maleficarum*, obra publicada no auge da perseguição à bruxaria.

Com supervaloração mórbida de si mesmo, a Inquisição se julgava purificadora da sociedade, entretanto, projetava sua própria sombra nos que colocavam em dúvida a crença da Igreja, torturando e matando de forma paranoica. Ao mesmo tempo em que repudiava o humanismo cristão, fundamentava-se teologicamente nele para perpetrar seus crimes.

A convicção ideológica e a seletividade dos juízes da força-tarefa da Lavo Jato em Curitiba os conduziram a conferir responsabilidade exclusivamente ao PT num primeiro momento. Hoje, há multiplicidade de atores envolvidos nas investigações e o leque de apurações já incluiu o presidente da República, contudo, ostensivamente protegido pelos incrédulos à ética e à moral.

Na caça aos crimes contra o Erário, os juízes de 13ª Vara Criminal Federal de Curitiba, nas entrevistas quase semanalmente aos meios de comunicação de massa, jamais bateram o martelete condenando o desmonte da legislação trabalhista e previdenciária, a demolição do mercado interno com a escravização da mão de obra e a substituição das empresas nacionais por estrangeiras da mesma linhagem cultural de corrupção, além da venda dos ativos estratégicos a preço de camelô.

julho, 2017

A MERITOCRACIA PELO SANGUE

A reforma política, em tramitação no Congresso Nacional, é a imagem do Brasil que não pôde até hoje desfazer-se do espírito de nação imperial. A anomalia singular não tem escapado aos observadores: graças aos grampos telefônicos, reveladores dos movimentos subterrâneos da política nacional, são redesenhadas as capitanias hereditárias.

Prática comum no país, e a Bahia contribuindo no contexto, filhos, netos e parentes de velhos políticos entram no *métier* como se lhes fosse estipulado por direito divino um espaço assegurado sob os holofotes. É a mesma meritocracia hereditária que viceja nos setores empresariais, com jovens assumindo o comando dos projetos, como se os laços consanguíneos lhes conferissem reputação, semelhante a uma família real.

Em *Raízes do Brasil*, o historiador Sérgio Buarque de Holanda mostra que o Estado não é ampliação do circuito familiar, não havendo gradação, porém, descontinuidade – e até mesmo existe oposição entre os dois conceitos. Segundo doutrinadores, o Estado e suas instituições descenderiam em linha reta por simples evolução da família.

"Só pela transgressão da ordem doméstica e familiar é que nasce o Estado e que o simples indivíduo se faz cidadão, contribuinte, eleitor, elegível, recrutável e responsável ante as leis da cidade. Há nesse fato um triunfo do geral sobre o particular, do intelectual sobre o material, do abstrato sobre o corpóreo e não uma depuração sucessiva. A ordem familiar, em sua forma pura, é abolida por uma transcendência", ensina Sergio Buarque de Holanda.

Já no passado não era fácil aos detentores das posições públicas compreenderem a distinção fundamental entre os domínios do privado e do público. Assim eles se caracterizavam justamente pelo que separava o funcionário *patrimonial* do puro burocrata, conforme a definição de Max Weber, um dos fundadores do estudo moderno da sociologia. Para o servidor *patrimonial*, a própria gestão política apresenta-se como assunto do seu interesse particular.

No Brasil contemporâneo, as funções, os empregos e os benefícios que deles auferem relacionam-se a direitos pessoais do político, ungido pela meritocracia do sangue, e não a interesses objetivos como sucede no verdadeiro Estado burocrático em que prevalecem a especialização das funções e o esforço para afiançarem garantias jurídicas aos cidadãos.

O termo meritocracia deveria ser conferido somente a pessoas que se descolaram do nada e granjearam para si posição na vida, predominando, assim, aqueles mais dotados intelectualmente e com mais méritos. Enquanto houver presença esse tipo de cultura arrogante e envelhecida, contudo, a política brasileira permanecerá entranhada na mediocridade, no fisiologismo e clientelismo.

agosto, 2017

A OPACIDADE
DO PODER

Em mensagem publicada em rede social, o procurador da República, Carlos Lima, garantiu que *"queriam o fim do governo Dilma e não da corrupção"*, ao reagir à entrevista do vice-presidente da Câmara Federal, deputado Fábio Ramalho (PMDB-MG), ao jornal *O Estado de S. Paulo*, defendendo um *"prazo de validade"* para a Operação Lava Jato.

"Agora que Temer conseguiu, com liberação de verbas, cargos e perdão de dívidas, conquistar apoio do Congresso, o seu partido deseja acabar com as investigações. Mesmo com todas as articulações do governo, as diligências vão continuar por todo País", assegurou Carlos Lima.

No livro *Democracia impedida – O Brasil do século XXI*, o cientista político Wanderley Guilherme dos Santos destrincha os discursos pomposos e exagerados dos parlamentares, exibindo grupos políticos e econômicos, com natureza elitista e interesses específicos capazes de usurpar o voto popular.

A percepção do acadêmico carioca ilumina o país de hoje, às voltas com o sucesso duvidoso do conjunto de privilegiados, que infundiu um governo revestido de enganosa legalidade democrática – e ávido de realizar sua agenda de políticas públicas, apresentada à sociedade como único remédio eficaz para combater distúrbios políticos e econômicos.

Em *Crises da República*, a filósofa política Hannah Arendt, uma das mais prestigiadas do século XX, assinala que as "mentiras são frequentemente mais plausíveis, mais clamantes à razão do que a realidade": o mentiroso tem a vantagem de saber de antemão o que a plateia deseja. Ele prepara sua história com cuidado para o consumo das massas.

A própria Hannah Arendt, entretanto, completa: "Em circunstâncias normais o mentiroso é derrotado pela realidade", que nunca permite substituto. Por maior que seja a rede de falsidade que um experimentado mentiroso possa exibir, ela nunca será suficiente para cobrir toda a imensidão dos fatos, mesmo com o auxílio de um computador.

A história nacional recente foi atravessada por fatos misteriosos que expõem a fragilidade e a vulnerabilidade das instituições democráticas, especialmente a opacidade ou não transparência do poder. A perspectiva é que as próximas cenas vão intensificar-se e os setores diretamente responsáveis pelo golpe usarão todas as armas possíveis para "não permitir a volta das forças populares ao circuito normal do diálogo democrático".

Na obra *Ensaio sobre a liberdade*, Stuart Mill, pensador que influenciou a sociedade do século XIX, ressaltou que a liberdade do cidadão é de capital importância para a construção não só de uma sociedade justa, mas, sobretudo, de um Estado próspero e benéfico ao conjunto. A etapa que desestruturou a democracia brasileira, porém, parece ter alcançado a sua plenitude.

agosto, 2017

A DEMOCRACIA INFECTADA

Com a decadência do sistema político brasileiro e seu veloz processo de putrefação moral, o funcionamento do governo do povo, pelo povo e para o povo, carrega o aparecimento contínuo de críticas, quando não dúvidas. Os descaminhos da democracia são atribuídos à indecência de políticos ou à incapacidade da própria sociedade civil.

Quando a democracia foi arquitetada pelos gregos, cultivou-se a tradição de três direitos como instituição: a igualdade de todos os cidadãos perante as leis, uniformidade de prerrogativas e tratamento de idêntica maneira. Na modernidade, com a revolução inglesa de 1644 e a revolução francesa do século XVIII, o direito à liberdade, além de pensamento e expressão, ampliou-se para a regalia de escolher o ofício, o local de residência e o tipo de educação.

A democracia grega era direta, com todos os cidadãos tendo o direito de participar das discussões e deliberações públicas, votando ou revogando decisões. A democracia moderna, fundada na luta contra o Antigo Regime, contudo, transformou-se em indireta, com a escolha de representantes.

Através do tempo, a sociedade democrática nunca escondeu as divisões de classe sociais: o filósofo Aristóteles, um dos pensadores com maior influência na cultura ocidental, percebeu a diferença entre ricos e pobres. O historiador florentino do Renascimento, Nicolau Maquiavel, distinguiu o perfil dos grandes e do povo, enquanto o revolucionário socialista Karl Marx diagnosticou o antagonismo das categorias de cidadãos.

Periodicamente, os brasileiros interpretam que o país vive numa democracia, depois de encerrada uma época de autoritarismo. Por democracia, os nativos captam apenas a existência de eleições, partidos políticos e os poderes Executivo, Legislativo e Judiciário, além da liberdade de pensamento e expressão.

Na visão caolha, os brasileiros, de maneira geral, não enxergam que existe algo profundo no movimento da sociedade: um conjunto de princípios e procedimentos autoritários – ou sistema político que concentra o poder nas mãos de pequena elite autocrática. Nela, encorajam-se o racismo, o machismo, a discriminação religiosa e social, as amplas desigualdades econômicas e as exclusões culturais e políticas.

Em tese, no regime capitalista são ilimitados os obstáculos à democracia: o enfrentamento dos interesses pulsa com veemência pela exploração de uma classe social por outra, apesar de sua ideologia martelar o mantra de que todos são livres e iguais.

Acompanhando o ritmo, as perversões da democracia brasileira são produzidas por um conjunto político notavelmente inventivo, único no gênero, que sabe transformar desejáveis seus valores e soluções para si, renegando a moral e o ressentimento popular.

setembro, 2017

O REGRESSO À CASA-GRANDE

Num aparte carregado de irritação, na última sessão plenária do Supremo Tribunal Federal, o ministro Gilmar Mendes condenou qualquer ação por um simples e obscuro cidadão contra um parlamentar, mesmo perito na prática de negócio ilegal, fraudulento e golpes: "*É uma ousadia. Imaginemos um procurador de Alagoas considerando-se hábil para agir contra o senador Renan Calheiros*", exemplificou ele.

O arroubo do ministro Gilmar Mendes é a manifestação atrevida numa democracia que vem perdendo intensidade – ou não conseguiu ultrapassar suas contradições de origem. O governo de Michel Temer consagrou solenemente novo período político, estimulou contradições anteriores e cultivou novas, que passaram a destruir o que ainda resta de democracia.

A reprodução do comportamento de Gilmar Mendes, por ele mesmo, expõe que o país se encontra diante de uma questão de disputa de hegemonia política, de coalizão de forças dotada de capacidade para produzir poder político e imprimir nova direção à sociedade.

Em *Casa-grande & sensala*, livro do sociólogo brasileiro Gilberto Freyre, publicado em 1933, o autor apresenta a importância da casa senhorial rural na formação sociocultural brasileira, assim como a do alojamento dos escravos em sua complementação.

Na opinião de Gilberto Freyre, a própria arquitetura da casa-grande expressaria o modo de organização social e política do Brasil, o patriarcalismo, estrutura capaz de incorporar os vários elementos que comporiam a propriedade fundiária do https://pt.wikipedia.org/wiki/Brasil_Col%-

C3%B4niaBrasil. Do mesmo modo, o proprietário da terra era considerado dono de tudo que nela se encontrasse: escravos, parentes, filhos, esposa, amantes, padres, políticos.

Esse domínio se estabeleceu incorporando tais elementos, não os excluindo – e o padrão se expressa na casa-grande, conveniente para abrigar desde escravos até os filhos do patriarca e suas famílias. A exemplo da casa-grande, o governo de Michel Temer nasceu num regresso ao autoritarismo, com a conivência do Judiciário.

O poder formal está sob a orientação da cleptocracia, mas o real está sendo comandado pelo mercado. A fala do ministro Gilmar Mendes, no mesmo tom autoritário do senhor de engenho, não surpreende, pois é a legitimação de atores e vozes impositivas no retorno à casa residencial de engenho, de forma esmerada, mas sem disfarce.

Antonio Gramsci, filósofo marxista italiano, em sua teoria da hegemonia cultural, ensina como o Estado usa, nas sociedades ocidentais, as instituições culturais para conservar o poder. Apesar de tudo o que ocorre no Brasil de hoje, "o pessimismo da racionalidade não deve subjugar o otimismo da vontade", como salienta o próprio Gramsci. Sem qualquer dúvida, outro país e outro mundo sempre são possíveis.

outubro, 2017

GERINGONÇA À PORTUGUESA

Apesar de significar em língua vernácula uma estrutura frágil e funcionamento precário, Portugal concebeu uma *geringonça* que desempenha bem seus movimentos: a coligação de partidos de esquerda, que comanda o país na contramão das políticas de austeridade ditadas pelo Fundo Monetário, União Europeia e Banco Central Europeu.

"É o único governo de esquerda da Europa que, de fato, governa à esquerda", avalia o economista Boaventura de Sousa Santos, professor da Universidade de Coimbra e entusiasta das equações que abafaram a crise portuguesa, solução que já contamina a vizinha Espanha. Crescimento econômico, baixo desemprego e saldo da dívida pública são conquistas da *geringonça*, que também empolgam a bisbilhotice dos gigantes da União Europeia.

A democracia europeia, que se propagou pelo mundo, entrou em tensão com o capitalismo à medida que adotou direitos sociais e econômicos como universais, entrando em rota de colisão com a acumulação infinita do capital. A partir daí, arquitetou-se o capitalismo de rosto humano, com tributação progressiva, gestão compartilhada, concessões do capital à social-democracia para anestesiar a sedução do operariado pelo modelo socialista.

Quando o Muro de Berlim se desmantelou não houve mais opções, permitindo desferirem-se ataques contra os direitos sociais e econômicos, a exemplo de hoje, na administração cambaleante de Michel Temer, sobretudo às leis trabalhistas e previdenciárias, à saúde e à educação.

O cientista político polonês Adam Przeworsky ensina que quando o Estado é instrumental, a classe economicamente dominante traça o que o

Estado deve fazer; quando o Estado é autônomo, suas políticas públicas não refletem reivindicações da categoria preponderante. Segundo ele, alternativamente, todas as políticas públicas podem ser previstas e compreendidas como pré-requisitos à preservação da produção capitalista.

A distribuição da riqueza é uma das questões mais vivas e polêmicas da atualidade. O crescimento econômico moderno e a difusão do conhecimento tornaram possível evitar o apocalipse marxista, porém não modificaram as estruturas do capital e da desigualdade.

A *geringonça* portuguesa promoveu o fim dos cortes em pensões e salários, reverteu a diminuição dos contratos de trabalho e da terceirização e tornou o sistema fiscal mais justo, reforçando a educação pública. Nesse momento, a economia portuguesa é uma das que mais crescem na Europa, acima de 2%. O desemprego está na faixa de 9%, a mesma da década de 1990 e o déficit público está em queda livre.

O capitalismo sobrevive através dos tempos porque tem capacidade de adaptação extraordinária. Quando há resistência organizada, institucional, politicamente consistente, ele se amolda.

novembro, 2017

O JOGO DO PRAZER DE POLLYANA

Pollyanna – comédia de Eleanor H. Porter, publicado em 1913 e considerado um clássico da literatura infanto-juvenil – é uma menina de 11 anos que migra da sua cidade para morar com a tia rica e severa após a morte do seu pai sem conhecê-la antes – e ensina às pessoas o *jogo do contente*, aprendido no ambiente paterno: arrancar algo de bom e positivo em circunstâncias difíceis de aturar.

A escritora norte-americana, presbiteriana e originalmente cantora, preparou para cultivo um dos vieses da evangelização cristã: a felicidade, o amor e o bem, mesmo nas situações mais impróprias. Curiosamente, na psicologia e na sociologia, o ensinamento é catalogado como *princípio de Pollyanna*.

Adubando a raiz da proposição de Pollyanna, o governo Michel Temer tenta semear euforia à sociedade civil: taxa de inflação dirigindo-se do alto para baixo na escala histórica, o PIB com projeções positivas, a taxa Selic em queda, a balança comercial com resultado positivo.

A economia nacional, entretanto, navega no trajeto do mal a pior – e a mudança de rumo depende de radicais reformas: somando desempregados e subempregados, existem 25 milhões de brasileiros à margem da população economicamente ativa. A qualidade e a quantidade dos serviços públicos, essenciais aos cidadãos mergulhados na pobreza, estão deterioradas com a supressão de gastos.

Em seu livro *A economia mundial e sua conjuntura durante e depois da guerra,* o economista russo Nikolai Kondratiev fez a primeira comprovação estatística do fenômeno das *ondas longas*, flutuações de aproximadamente 50 anos de duração, características do capitalismo.

"A base dos ciclos longos é o desgaste, a reposição e o incremento do fundo de bens de capital básicos, cuja produção exige investimentos enormes. A reposição e o incremento desse fundo não é um processo contínuo. Realiza-se por saltos", garantiu Kondratiev.

O austríaco Joseph Schumpeter, responsável pela revisão de todo o pensamento econômico de sua época, tornou-se o maior divulgador das *ondas longas*. Ele próprio trata os movimentos cíclicos de maneira similar, a partir da quebra do equilíbrio econômico.

No Brasil, na década de 1950, o economista Ignácio Rangel, sem conhecer a teoria de Kondratiev, propôs a reinterpretação da história nacional a partir do conceito de *dualidade básica*: a dinâmica interna e as relações do país com as economias centrais modificam a substância da sociedade em reação aos movimentos da economia mundial, as *ondas longas*.

À luz do conceito de Nikolai Kondratiev, o Brasil, sem revolução para modernizar a carcomida matriz política, permanecerá penando no vale da economia estática, mesmo com um governo impopular desejando usar a capacidade criativa de Pollyanna.

novembro, 2017

A SOCIEDADE DA DESILUSÃO

Crianças com idades entre 9 e 12 anos apedrejaram um Papai Noel depois que as guloseimas doadas por ele a partir de um trenó, num bairro de Itatiba, interior de São Paulo, esgotaram-se. O homem de 83 anos ficou amedrontado, apesar de não ter sido a primeira vez a ação de hostilidade ali: a festa estava suspensa há quase meia década.

O grupo que conduzia o veículo em que o pequeno carro sem roda estava montado fugiu do local rapidamente – e após o reabastecimento com iguarias apetitosas, o ato de caridade prosseguiu em outro local da cidade.

"Papai Noel é o símbolo do capitalismo opressor. Só aparece para agradar os ricos" – postou o internauta Daniel Junior. Na realidade, o momento contemporâneo tem como perfil marcante a ruína das utopias e o esvaziamento dos mitos: a vidência e a técnica deram alento à expectativa de progresso irreversível. O comércio global tornou-se a promessa de diminuição da pobreza, mas houve o agravamento da miséria. As desigualdades da ordem econômica ampliaram-se com suas características inerentes de vida. A época presente é marcada por desestruturação das culturas de classe.

No atual contexto não existem atributos de categoria, estilo de vida específico para cada conjunto de cidadãos. O sociólogo norte-americano Jeremy Rifkin, autor do best-seller *O século da biotecnologia*, indaga se o espírito da comercialização não conduz à atrofia do instinto de sociabilidade, do poder de afinidades naturais, enfim, de todos os sentimentos do ser humano.

Ao contrário, ela contribui para encorajar o homem a desvincular-se das regras e normas comunitárias, que se reproduzem de geração em geração – e fazê-la afundar num estado de inquietação duradoura. Essa etapa evolutiva é registro na história: o início recua ao final do século XIX e ganha amplitude a partir de 1950.

A hipertrofia do consumismo demoliu o trato direto entre pessoas e, assim, o cultivo da sociabilidade. Entre os filósofos pessimistas, Arthur Schopenhauer, um dos principais pensadores do século XIX, não admite a possibilidade de uma experiência feliz, pois a ambição à felicidade, de um lado, e a vida, de outro, só pode conduzir a interminável decepção.

O princípio de prazer e o princípio de realidade criam um vazio que dificilmente pode ser ocupado, segundo Schopenhauer. Haverá o dia, entretanto, em que a cultura consumista não carregará o mesmo impacto, a mesma importância na vida humana. No turbilhão de reflexões, contudo, há uma realidade incontestável: as desigualdades se aprofundam, a mobilidade social retrocede e o elevador social está enguiçado, especialmente no Brasil.

dezembro, 2017

O INDIVIDUALISMO REINVENTADO

No século XIX, Alexis Tocqueville, pensador, político e historiador, célebre por suas análises da Revolução francesa, inventou e difundiu o termo *individualismo*, para narrar em detalhes o crescimento do isolamento social, segundo ele constatou, na intimidade da população nos Estados Unidos.

De acordo com o Visconde de Tocqueville, o individualismo difere do egoísmo, oriundo de um impulso interno, sentimento que se conserva desde remotos tempos em todas as sociedades. Já o individualismo, ideia que desponta com a democracia, separando cada cidadão das multidões, pondo-o à parte da sua família e amigos, desprezando a sociedade.

Na sua obra *A cultura do novo capitalismo*, o sociólogo norte-americano Richard Sendett, professor da lendária London School of Economics e do respeitável Instituto de Tecnologia de Massachusetts, mantém a mesma convicção, contudo, com um comportamento harmonizado ao novo capitalismo e tecnologias semeados pela globalização.

O individualismo no passado orbitava em torno da construção da identidade estável, sem compromisso com qualquer doutrina ou ideia preestabelecida. O individualismo do século XXI incentiva a mudar rapidamente e completamente tudo, as identidades se tornam sem profundidade ou importância. O novo individualismo exige trocas imediatas.

Diante do admirável mundo novo da globalização, revolução das comunicações e tecnológicas, há uma sociedade inteiramente organizada segundo princípios científicos – e com pessoas programadas em laboratórios e habilitadas para a atividade profissional de empreitada e pequena duração, substituindo o trabalho vitalício do passado.

O mercado capitalista aprimorou-se com a ajuda do Estado. Já as relações de troca entre mercadorias dependem dos princípios legais que garantam a legitimidade e a execução dos contratos. Para se propagar num espaço econômico, entretanto, é indispensável a proteção do Estado, que sempre obrigou, por pressão, a abertura dos mercados e, agora, compartilha da concorrência.

Sob a ótica de Richard Sendett, a nova economia está causando transfigurações de tal magnitude que empurram o homem à pressão intensa para que acompanhe a velocidade dos movimentos sociais. Na sociedade imediatista, o mercado oferece soluções para a pessoa reinventar-se como bem compreender, sem bloqueios ou censuras.

Assim, no compasso do novo invidualismo supremo, tendo à disposição cirurgias cosméticas, ortodontia preventiva e corretiva, personal trainer, reformulações de guarda-roupa para reconstrução da existência terrena, homens e mulheres julgam ser possível redesenhar suas vidas. No imperativo cultural da nova sociedade, o básico é o culto do indivíduo à liturgia dos ganhos, não das privações.

janeiro, 2018

O MEDO DA POBREZA

O relatório "Recompensem o trabalho, não a riqueza", lançado às vésperas da reunião do Fórum Econômico Mundial 2018, pela Oxfan Internacional, revela como a economia global possibilita que a elite econômica acumule incalculáveis fortunas, enquanto milhões de pessoas lutam para viver com baixos salários e em condições precárias em suas atividades produtivas e criativas.

A metodologia abrange espaços capitais vasculhados pela Oxfan – confederação de 17 organizações e mais de 3.000 parceiros, operando além de 100 países – à procura de solução para a pobreza: indagação minuciosa sobre como o público percebe a desigualdade em 10 países e cálculos que comparam a remuneração dos acionistas das empresas com a recompensa dos trabalhadores comuns.

De origem grega, o dicionário da Dicionário da Real Academia espanhola define *aporofobia* "como fobia a pessoas pobres", neologismo marcado pela filósofa Adela Cortina Orts, catedrática de Filosofia Política e Ética da Universidade de Valencia, para distinguir de *xenofobia*, que exprime rechaço ao estrangeiro ou a discriminação contra grupos étnicos.

Em sua contribuição teórica – *Círculo vicioso da pobreza* –, o economista sueco Gunnar Myrdal, Prêmio Nobel de Economia, ano de 1974, ensina que não pode haver desenvolvimento econômico em país sem tecido empresarial forte. Segundo ele, o homem de negócios se financia pela poupança interna; inclusive, os investimentos nacionais são mais estáveis em correlação aos estrangeiros.

Em resumo, aponta Gunnar Myrdal que nações pobres abrigam a maioria da população com rendas baixas, fundamentalmente voltadas apenas para permanecer viva, ampliando a incapacidade de poupar. Debilitada de capital, a nação não promove o crescimento da produção, estanca e se empobrece.

Apesar da teoria econômica, a repugnância e a hostilidade às pessoas pobres, desamparadas, tornaram-se julgamento ignominioso e irrevogável, pronunciado pelo próprio sistema capitalista e sua elite, mesmo sendo a penúria característica circunstancial na vida dos seres humanos – e em nenhum caso compõe parte da sua identidade, exclusivamente uma situação indesejável e injusta, porém, superável.

As práticas políticas, sociais e midiáticas geram atos desumanos contra a classe dos pobres e uma distância abismal entre ela e a própria comunidade. Assim, por meio de processos de deslegitimação e exclusão moral, o cidadão não se sente obrigado a reconhecer normas e regras sociais fora do seu grupo e praticadas pela população não excluída socialmente.

Por trás da aversão ou medo exagerado se escondem, seguramente, o estigma e o desprezo. Por hora, contudo, *aporofobia* é um termo culto, que merece reflexão: designa um estado de consciência.

janeiro, 2018

COMO DEUS E A DEMOCRACIA MORREM

No início do século XIX, o ateísmo estava definitivamente na ordem do dia. Os avanços da ciência e tecnologia criaram novo espírito de autonomia: Ludwig Feuerbach, Karl Marx, Charles Darwin, Friedrich Nietszsche e Sigmund Freud elaboraram filosofias e interpretações científicas da realidade que permitiam abandonar a convivência com Deus.

Na alvorada do século XX, significativo conjunto de pessoas interpretava que, se Deus ainda não estava morto, a vanguarda intelectual e emancipada devia matá-lo. A ideia do ser supremo ou criador do universo, alimentada durante tempos, revelava-se catastrófica e inadequada – e a Era da Razão parecia ter triunfado.

Em pleno século XXI, chovem livros em abundância, mensalmente se lançam novos volumes para explicar o fenômeno do ultraconservadorismo que deseja matar a democracia – e Donald Trump, presidente norte-americano, é o principal destaque entre os protagonistas da indústria editorial.

"Como as democracias morrem" é o título da recente pesquisa acadêmica de Steven Levitsky e Daniel Ziblatt, que investigam o surgimento do autoritarismo em todo o mundo, desde o austríaco-alemão Adolf Hitler, em parceria com o italiano Benito Mussolini, incluindo a intimidade de ditadores da América Latina e continente asiático.

A preocupação de ambos os professores da Universidade de Harvard – fundada em 1636, em Cambridge, cuja história, influência e riqueza tornam-na uma das mais prestigiadas do mundo – é diagnosticar como as democracias vão perdendo a batalha quando emerge um aventureiro carismático, com empenho e zelo autoritário.

Os ultraconservadores, em todos os recantos do mundo, rechaçam em discursos e ações as regras democráticas, negam legitimidade aos opositores, toleram ou fomentam expressões de violência em seus partidários e mostram vontade de retalhar a liberdade dos meios de comunicação de massa.

No lugar da alegre libertação, exaltada pelos pensadores, a morte de Deus suscitou temor, conflito e tentativas para salvá-lo, concebendo novas teologias para libertá-lo dos inibidores sistemas de pensamento empírico.

Houve reação contra o culto da razão: o racionalismo absoluto é redutivo porque deixa de fora as atividades unidas à imaginação e à intuição.

Ler o livro de Steven Levitsky e Daniel Ziblatt é o alerta como erguer barreiras à degradação da política e conter as ambições desmedidas de políticos com fascinação irresistível. O governo de Donald Trump não põe em risco a democracia dos Estados Unidos, já somando 230 anos. Contudo, no Brasil existem pré-candidatos a presidente da República com capacidade para detonar o débil governo em que o *"povo exerce a soberania"* – e a espada é autoridade moral, tida como suprema.

março, 2018

O ANEL DA MALDIÇÃO DE LULA

Na mitologia nórdica ou germânica, nome dado ao conjunto de lendas pré-cristãs dos povos escandinavos, os nibelungos formam um povo de anões, que habitam Mistland ou a Terra das Neblinas e não morreram em batalhas – e lá se encontram também enterradas, na terra gelada e esquecida, as raizes de gigantesca árvore.

No relato fantástico, os nibelungos são possuidores de um místico anel, que oferece ao seu portador infinito poder, mas, em seguida, lança profunda maldição. O rei Alberich, para forjar a joia, roubou o tesouro das ninfas nas profundezas do Rio Reno, escavando a longínqua mina por baixo das montanhas.

O assunto foi tratado em obras medievais, sobressaindo a *Canção dos Nibelungos*, famoso épico da literatura alemã – e excelente exemplo da epopeia heróica europeia, comparável à saga grega de Troia, escrito em 1200 por poeta desconhecido da corte do bispo de Passau, Wolfger de Erla. A produção, considerada notável, é a tetralogia dramático-musical *O anel dos Nibelungos*, de Richard Wagner (1863).

O Anel dos Nibelungos está presente hoje na democracia brasileira, simbolizado por novo formato de coletividade, apesar de destroçado um governo popular. As sociedades, tanto no passado quanto no presente, são organizadas pelo jogo das oligarquias. "A sociedade democrática é apenas uma pintura fantasiosa", segundo o filósofo francês Jacques Rancière, em seu livro *Ódio à democracia*.

O poder do povo é a ruptura da sociedade não igualitária, assim como o nascimento do governo oligárquico – a marca inseparável do exercício da governança representativa da sociedade. A democracia direta foi adequada para as cidades gregas antigas ou cantões da Idade Média, em que toda a população de homens livres cabia em uma única praça.

Nas nações modernas apenas a democracia representativa se enquadra. Assim, os governos se exercem sempre da minoria sobre a maioria. Há mais de meio século, a escritora Hannah Arendt, uma das mais brilhantes do século XX, ainda percebia, na estrutura dos conselhos, o verdadeiro poder do povo.

Nos últimos anos, o Brasil se tornou exemplo de inclusão social por meio do consumo, com quase 30 milhões de pessoas livrando-se da pobreza e miséria – e transferindo poderes de liderança ao metalúrgico Luis Ignácio Lula da Silva. Porém, expressivo contingente da classe média amaldiçoa a inserção dos espaços antes reservados aos indivíduos bem-nascidos.

Como na maldição do Anel dos Nibelungos, o ódio viceja hoje na política brasileira, com a robutez nem sentida na marcha da família com Deus pela liberdade, anjo anunciador do golpe de 1964. A democracia transfigurou-se na impureza política, havendo rejeição da elite do poder para encarnar o princípio da vida pública.

abril, 2018

O ÚLTIMO VÔO
DE YURI GAGARIN

Há 50 anos *"morreu nosso herói nacional, o primeiro homem a chegar ao espaço, numa aventura épica que marcaria a humanidade".* A TASS, agência telegráfica de notícias oficial das 15 repúblicas da União Soviética, anunciou assim a repentina e surpreendente morte do cosmonauta Yuri Gagarin, 34 anos, no início do treinamento militar de rotina, em 27 de março de 1968, a bordo do Mig15.

A imprensa internacional abriu espaço para ampla cobertura à notícia: *"Os funerais do ser humano, que inaugurou as viagens espaciais tripuladas, desafiando os desconhecidos perigos do vazio cósmico, durante 108 minutos, orbitando a Terra, 12 de abril de 1961, serão efetuados com as máximas honras".*

Ao mesmo tempo, estabeleceu-se que os restos mortais de Gagarin fossem depositados atrás do mausoléu de Vladimir Ilyich Ulyanov, conhecido pelo pseudônimo de Lênin, revolucionário e teórico político, principal nome da revolução, primeiro chefe de governo da República Russa.

No turbilhão de versões, o desastre se processou quando a turbina da aeronave começou a falhar no seu funcionamento após a decolagem. Ao invés de ejetar-se de paraquedas, Gagarin violou os procedimentos de segurança: tentou acioná-la novamente, contudo, o aparelho espatifou-se no solo.

No sinistro também perdeu a vida o coronel Vladimir Segoyogin, da Força Aérea Soviética, instrutor do major Gagarin, que nasceu numa fazenda coletiva, em Kluchino, em 3 de março de 1934. Em 1960, Gagarin foi selecionado, com mais 20 pilotos, para integrar o Programa Espacial Soviético.

Com 1,57 metros de altura e 69 quilos, apresentava o perfil para ocupar o espaço limitado da Vostok, que possuía 4,4 metros de comprimento e outros 2,4 de diâmetro, pesando 4,7 toneladas. A espaçonave possuía dois módulos: no primeiro, acomodava instrumentos, antenas, tanques e combustível para os retrofoguetes; no segundo, a cápsula do cosmonauta.

As homenagens não tardaram: o mandachuva do Partido Comunista local, Leonid Brezhnev, aproveitou a ocasião para recordar feitos nacionais desde 1957, como a façanha do Sputinik, primeiro satélite artificial a gravitar em torno do planeta e o périplo espacial da cadela Laika.

As proezas memoráveis precipitaram o espírito de competitividade nos Estados Unidos: o projeto Apolo e a conquista da Lua em 1969. Até o momento do acidente, Gagarin, filho de camponeses, estava casado com Valentina Boriacheva. Ela recebeu condolências de todo o mundo, especialmente do Papa Paulo VI e de Lyndon Johnson, presidente norte-americano.

Na funesta manhã, o cosmonauta Yuri Gagarin enviou sua última mensagem à torre de controle: *"Estou caindo"*, comunicou ele – e desde então está pousado nas eternas páginas da história da civilização.

abril, 2018

OS NOVOS OVOS DA SERPENTE

O filme *O ovo da serpente* marca a perfeita radiografia do surgimento do nazismo: o vagaroso envenenamento do povo da Alemanha. Inicialmente, incompreensível, contudo, gradativamente conquista ampliação e modificação. Com sua obra-prima, o sueco Ingmar Bergman tornou-se um diretor identificado pela intensidade da contextualização ideológica, além dos dramas psicológicos experimentados por seus personagens.

Lênin, líder da Revolução bolchevique, é apresentado aos alemães como torturador impiedoso dos seus inimigos, sobrepondo-se à estrutura militar, sem qualquer razão, e transformando o ambiente social em medo e caos, maldade injetada em quase todos os indivíduos.

A partir daí, a oratória é assumida pelo próprio povo alemão: diversos grupos sociais e étnicos são catalogados como fatores de todo o risco de depravação. Existe a convicção de que algo inovador merece atenção, interesse e admiração em Munique. Um salvador despontou e a libertação estava acontecendo. São rápidas referências aos movimentos do futuro Fürher. Contudo, o primeiro golpe dele fracassa, sem instigar surpresa e comoção.

Adolf Hitler, autor de *Minha luta*, autobiografia e manifesto escrito na prisão, é o ator político que expressou e sintetizou o pensamento de vasto fragmento da sociedade alemã. Segundo Nobert Elias, um dos sociólogos de maior destaque do século XX, é no ventre da coletividade, de configuração difusa e complexa, que fecunda o sentimento perverso e tirânico.

Na película imortal de Ingmar Bergman, o dualismo da natureza humana é brilhantemente conduzido à vista: o homem não incorpora o bom selvagem, degenerado pelas instituições, nem se reveste do lobo que destrói completamente seu semelhante. As duas máscaras coexistem e se manifestam espaçadamente ao longo da história.

No livro *Ódio à democracia*, recém-lançado no Brasil, o filósofo francês Jacques Rancière, professor emérito da Universidade de Paris VIII, registra que o "sufrágio universal é uma configuração heterogênea, nascida da oligarquia, desviada pelo combate democrático e perpetuamente reconquistada por ela própria, que submete seus candidatos a decisão do corpo eleitoral". Assim, sob a ótica dele, o processo de escolha por votação não é ilação natural da democracia.

Desde a década de 1980, as ditaduras sumiram da face da Terra, não exponencialmente, sem significar que houve materialização total da democratização da convivência social. No Brasil, novos ovos de serpente estão sendo chocados por candidatos à presidência da República, vigiando a deslocação da sociedade dentro dos limites – e torna perceptível a ansiedade irracional, amplifica a desarmonia e confusão, por meio da mistificação das massas pelo discurso embusteiro.

abril, 2018

LULA NA PONTARIA

Para juristas eminentes não é prudente emitir opinião quando um caso se encontra nos tribunais: existe presunção de inocência até que as acusações sobre o crime estejam provadas e a sentença arbitrada pelo juiz. Porém, a situação no Brasil alcançou tal magnitude que se pode aventurar: as coisas não vão sair bem para os políticos do Partido dos Trabalhadores, especialmente os envolvidos nas redes de suborno e financiamento irregular de campanha.

Faz alguns dias, indo ao Chile, a presidente do PT, Senadora Gleisi Hoffmann, fervorosa partidária de Lula da Silva, disparou cerrada defesa de inocência do ex-presidente e sua nova candidatura, pois *personalidades como ele não surgem todos os dias, são apenas exceções da história*.

Gleisi Hoffmann foi a Santiago para incorporar-se às homenagens a Michelle Bachelet – médica, política e duas vezes presidente do Chile –, entretanto, aproveitou a ocasião para promover campanha em favor da liberdade de Lula, condenado por supostamente ter recebido suborno da construtora OAS.

Estupefato, o historiador Antoine Acker, professor na Universidade de Zurique, acredita que o Brasil entrou numa era *não democrática*, e enquadra o ex-presidente Luiz Inácio Lula da Silva no perfil do preso político. Ele não sabe explicar como o ex-presidente Lula esteja confinado em solitária, privado de visitas e proibido de expressar-se publicamente.

Esse tratamento de exceção, habitualmente reservado aos criminosos perigosos, promove incerteza entre confirmar ou negar a realidade de um fato – e o acadêmico Antoine Acker lembra ainda que a punição, *"sem base material"*, foi adotada apenas numa mistura de *"convicções"*, visando retirá-lo do processo eleitoral de 2018.

A prisão de Lula aflora ceticismo sobre a parcialidade da justiça em relação aos suspeitos das outras tendências políticas no escândalo da Petrobrás. Lula sempre afirmou que as companhias brasileiras eram parte de sua política exterior. O certo é que as mesmas empresas estão no olho do furacão em países da região – e no Peru, o escândalo derrubou o presidente Kuczynski.

Sem dúvida, o STF mostrou-se inflexível frente a Lula, particularmente quando autorizou sua prisão antes do esgotamento de todos os recursos judiciários. De outro lado, ele recusou, apesar dos reiterados pedidos do procurador-geral, a emissão de mandado de prisão contra Aécio Neves, líder da direita, pego em flagrante delito de extorsão de fundos públicos.

Lula foi um presidente que retirou milhões de brasileiros da pobreza e da miséria, contudo, complica pensar que com sua improvável candidatura o PT aspire contorcer a mão da Justiça, mobilizando maciçamente seus partidários – e tumultue ainda mais a iminente marcha do pleito em outubro.

maio, 2018

MARX VIVE NA MODERNIDADE

Nos 200 anos do nascimento de Karl Marx, um dos pensadores políticos mais influentes da modernidade, o mundo tem percepções desacertadas sobre suas ideias. Segundo pesquisa realizada pelo Instituto Ipsos em 28 países de todas as regiões, com margem de erro de 3,5 pontos percentuais para mais ou menos, pouco acima da metade dos entrevistados olha "os ideais socialistas ainda de grande valor para o progresso de hoje".

As descobertas da investigação, que explora as percepções sobre as ideias do filósofo alemão no século XXI, destacam disparidades consideráveis nas opiniões sobre o legado do autor de *O capital*: inferior a 50% abona o socialismo apenas como sistema de opressão política, espionagem e terrorismo de Estado.

O Ipsos, a terceira maior empresa de pesquisa no mundo, fundada na França, descortinou as nações que menos valorizam as concepções socialistas: Estados Unidos, França, Hungria e Japão, pela ordem. No extremo oposto, 84% dos cidadãos chineses. O próprio presidente Xi Jinping advoga que a teoria de Karl Marx *"ainda resplandece com brilhante luz da verdade".*

Como cicatrizes ainda visíveis da Guerra Fria, Marx foi visionário que soube diagnosticar as mazelas da economia capitalista, de acordo com declarações coletadas pelo Ipsos, instituição com 16 mil funcionários e presente em 87 países, incluindo o Brasil. Em outras revelações, Marx é o pai das sanguinárias ditaduras, a exemplo da desaparecida União Soviética.

No *Manifesto comunista*, Marx e Engels projetaram a substituição da sociedade burguesa por "uma humanidade onde o livre desenvolvimento de cada um seria a condição para a desenvoltura natural de todos", sem ser escravo de outrem. Na prática, os regimes que se inspiraram na concepção doutrinária marxista terminaram empobrecendo o plano de revolução do operariado – e se encaminharam contra seu próprio povo para depurar a dissidência.

Robert Grimm, um dos arquitetos da investigação científica, interpreta, ancorado nas crenças dos entrevistados, que nenhum país do Leste europeu tenciona retroceder ao socialismo, e quando valoriza a ideologia o faz mais como crítica à estrutura atual do capitalismo, ao invés do conjeturado regresso ao sistema político e econômico disseminador da coletivização dos meios de produção e distribuição, com a supressão da propriedade privada e classes sociais.

A nível global, 48% do rol dos investigados julga a liberdade individual mais importante que a justiça social, movimento filosófico que se associa ao liberalismo, limitador da intervenção do Estado à vida econômica, social e cultural dos indivíduos – e o filósofo inglês John Locke, século XVII, é citado como criador, sem marca de convergência ao catecismo de Karl Marx.

maio, 2018

A EXTINÇÃO DAS INSTITUIÇÕES CADUCAS

Pouco a pouco a gasolina retornou aos postos e os alimentos às prateleiras dos supermercados, aos centros de abastecimento e tradicionais feiras em todo o país, depois do conjunto de ações dos caminhoneiros, que mobilizou a sociedade civil por mais de oito dias.

Sem dúvida, Antônio Labriola, filósofo e teórico marxista italiano, tem razão quando argui que os homens estão longe de compreender sempre com clareza sua situação social – e nem sempre possuem exata consciência das tarefas que dela decorrem.

O materialismo dialético moderno, contudo, demonstrou que a humanidade produz sua história não para marchar, em absoluto, por um caminho de progresso traçado de antemão, nem porque deva submeter-se às leis de uma evolução abstrata. Os seres humanos compõem sua história procurando atender às suas necessidades e a ciência deve explicar como influem as diferentes formas do imprescindível nas relações sociais dos indivíduos e sua atividade pessoal.

Embora tenha sido sempre acadêmico e nunca membro ativo de qualquer partido político, o pensamento de Antônio Labriola, professor da Universidade de Roma, por intermédio da sua obra *Ensaios sobre a concepção materialista da História*, exerceu influência sobre a vanguarda intelectual durante o início do século XX, incluindo o fundador do Partido Liberal, Benedetto Croce, e um dos líderes do Partido Comunista Italiano, Antonio Gramsci.

A greve dos rodoviários profissionais revelou que as instituições do Estado se tornaram caducas, não atentas às racionalidades do mundo atual, aparentemente enviesadas: a administração Michel Temer interpretou mal, por despreparo, a magnitude, natureza e as consequências do movimento.

Como resultado, os poderosos de hoje costumam pagar um preço superior e mais imediato por seus erros do que seus antecessores. Em seu livro *O fim do poder*, Moisés Naím, um dos pensadores louvados da América Latina, aponta a extensa erosão de poder no mundo, onda que afeta, sobretudo, políticos e empresas.

A principal explicação para a fragilização do poder se origina em fatores tão variados como o rápido crescimento econômico de países pobres, maior acesso à saúde e à educação. Os novos agentes são diferentes uns dos outros, porém, em comum, o fato de não precisarem mais de proteção ou de uma tradição assentada para fixar sua raiz.

Mesmo com a visão caolha diante do caminhar da história, o desprestigiado governo Temer deve ter anotado: o poder, a capacidade de conseguir que os outros façam ou deixem de cumprir algo está passando por mudanças agitadas. A voz de controle está se dispersando cada vez mais – e os tradicionais atores são confrontados com novos e surpreendentes rivais, às vezes menores em tamanho e recursos.

junho, 2018

CENTRO-ESQUERDA E O CRESCIMENTO

Nos momentos em que a centro-esquerda enfrenta difícil processo de recomposição, estudo publicado por Rodrigo Valdés, ex-ministro da Fazenda do Chile, no *Jornal de Política da América Latina*, periódico acadêmico dos estudantes de Harvard Kennedy School, foca luzes que podem iluminar o tema.

O texto de Rodrigo Valdés procura explicar o avanço conquistado pela centro-direita no continente latino-americano durante os últimos anos. Pinçando o exemplo do Chile, ele sustenta o fator determinante: enquanto a direita se aproveita das vulnerabilidades da classe média, a centro-esquerda se move com objetivos redistributivos, propositura que não oferece equilíbrio econômico, nem distribuição, ponto que tem afastado o votante da classe média.

Para validar a pesquisa, Rodrigo Valdés entrega valiosa informação sobre o desenvolvimento entre 1990 e 2015, impactando diferentes segmentos da população. Nesse lapso de tempo, o PIB per capita cresceu 280 por cento na região, tempo que sofreu variação a distribuição de renda. Na escala dos 20 por cento mais pobres se manteve a estagnação e a população não rica ou milionária viu declinando sua renda seis vezes.

Século passado, a burguesia acreditava no desenvolvimento harmonioso do capitalismo, continuidade do progresso, na autêntica perenidade. Quando se sentia disposta à justificação, argumentava: o avanço das ciências, técnicas, tudo calcado no capital, assegurando abundância e felicidade à humanidade.

O documento de Rodrigo Valdés é revelador em duplo sentido. Imediatamente, permite entender o grau de tensões que o ex-ministro enfrentou durante sua gestão na administração Michele Bachelet: grupos integrantes da coalizão questionavam os logros alcançados pelo Chile em duas décadas.

Na outra ponta, constitui-se incentivo para qualquer setor público debater a proposta de futuro de Rodrigo Valdés. O caminho do ex-ministro chileno pode terminar inquietante: a distância entre o cidadão comum e a centro-esquerda, termo político para descrever indivíduos, partidos políticos ou organizações no conceito da existência de esquerda e direita. Associadas com a centro-esquerda estão bandeiras do liberalismo social, ambientalismo e políticas progressistas.

No início do século XX, a situação do mundo transfigurou-se vertiginosamente. Ao regime da livre concorrência sucedeu o dos monopólios e o capitalismo assim modificado começou a tomar consciência das próprias contradições. À custa das guerras e crises, descobriu-se que o desenvolvimento não se assemelha a uma nova idade de ouro.

Em busca de redefinição, a direita modela a expressão "liberal" como horizonte privilegiado. O certo, entretanto: direita e esquerda já não demonstram idêntica diversidade.

junho, 2018

A ESQUERDA NA BERLINDA

Na cidade de Havana, Cuba, aprimorou-se o Foro de São Paulo, movimento que reúne partidos políticos de esquerda de diversos países. Conceitualmente, ser de esquerda é manifestação moral que condena todas as formas de exploração e opressão indignas – e julga não ser possível a liberdade entre desiguais.

Na via do debate político, ser de esquerda é fazer opção de classe e ter ótica de universo que perceba a marcha dos trabalhadores como referência de esperança. Segundo o catecismo ideológico, no projeto de combate pelo poder, o proletariado deve governar para transformar a sociedade em função da satisfação de necessidades da maioria.

Por último, integrar facções ou correntes políticas trabalhistas, socialistas e comunistas é fazer opção por um conjunto de convicções filosóficas, como aposta estratégica por uma sociedade igual e totalmente livre. Essa alternativa, contudo, põe em oposição à propriedade privada, o capitalismo, traduzido em compromisso internacionalista na batalha pela igualdade social.

Como na prática a teoria é outra, a extrema esquerda segue com o poder na Bolívia, Nicarágua e Venezuela. Evo Morales é exemplo do líder carismático, apoiado por uma população agradecida, entretanto, com remorsos ante a perpetuação do governo. Os próximos anos serão decisivos para ver se seu projeto, mistura de socialismo caudilhista e capitalismo populista, resiste às dificuldades que começaram a golpear a economia boliviana, além dos indícios de corrupção e excessivo poder que turvam sua gestão.

O caso da Nicarágua é de um governo eleito democraticamente, porém, derivou do seu rumo e existem milhares de mortos e feridos. David Ortega e Rosário Murillo são a cara visível de uma revolução falida. A esquerda sente o sabor de um fracassado governo, que sobrevive graças à Venezuela, que pode ainda ajudá-lo a pagar as contas. Uma eventual eleição antecipada põe na encruzilhada o futuro da dupla.

Quando, em 2016, Maurício Macri ganhou na Argentina, tornou-se indubitável que o ciclo populista de esquerda dos Kirchner havia tocado no fundo do poço. A corrupção, a má gestão e os abusos de poder terminaram por desbancar Cristina Kirchner e o péssimo legado será obstáculo no seu sonho de regresso ao palácio presidencial.

Em suas memórias *Lições do poder*, o ex-presidente da França, François Hollande, conta que os socialistas nunca acataram tanto as exigências dos industriais e mercado financeiro do que no quinquênio passado. Na opinião do filósofo italiano Noberto Bobbio, "não há nada mais ideológico do que a afirmação de que as ideologias estão em crise". De qualquer maneira, certamente será observado até onde o populismo chegará por quem espera pela renovação da esquerda.

julho, 2018

DAS RUAS AO PALÁCIO PRESIDENCIAL

O presidente recém-eleito do México, Andrés Manuel Lopez Obrador, forjou sua vida como político de oposição, apoiado na mobilização das multidões consumidoras, estimulação da população que lhe deu fama e deve conciliar com a investidura do poder, em cerimônia no final do ano.

Ele é descrito como líder social mais importante do México em meio século, também como perpétuo agitador, populista e eterno azarão. Contudo, agora as massas podem contar com ele: logrou a façanha de conduzir a esquerda pela primeira vez ao palácio presidencial só com a força dos votos.

Nascido há 64 anos, em Tabasco – um dos 31 estados do México, região sudeste –, casado e pai de quatro filhos, ele é simplesmente AMLO para seus ardentes seguidores. Na imprensa mexicana e intimidade da elite, Andrés Manuel é um estorvo, pois destruiu a matriz clássica de ser político no país.

Diplomado em Ciências Políticas e Administração Pública pela Universidade Nacional Autônoma do México, Lopez Obrador é partidário da teoria da mobilização social como método de avançar – e após trabalhar com os índios "Choutales", em sua terra natal, demonstrou a autenticidade do seu conhecimento especulativo, metódico e organizado, pois o aplicou até o extremo.

Lopez Obrador está em permanente busca do caminho que o conduza aonde quer estar, ainda que seja o mais longe. Num ensaio biográfico há 12 anos, o historiador Enrique Krause assinala uma referência a algo que o líder esquerdista expôs certa vez: a teoria do poder tropical, "impetuoso como os rios de Tabasco".

Em 2013, Lopez Obrador abandonou o tradicional Partido Revolucionário Institucional, que concentrou no México o poder hegemônico entre 1929 até 2000, e arquitetou o Movimento de Regeneração Nacional, organização construída a sua medida. Nos últimos anos, dedicou-se a atravessar o país, consolidando sua maturidade política como líder de oposição, denunciando a corrupção.

Os mexicanos viveram três transformações profundas em sua história: a luta pela independência, processo que durou de 1810 a 1821; o movimento das reformas liberais, também no século XIX; e a revolução de 1910.

As palavras direita e esquerda estão associadas ao universo político desde a Revolução Francesa. No livro *Direita e esquerda*, o filósofo italiano Noberto Bobbio traça a diferença entre os dois campos políticos. No contraste, a esquerda acredita que a maior parte da desigualdade é social e eliminável, enquanto a direita julga inevitável a falta de igualdade na sociedade natural.

No último trecho da sua marcha, Lopez Obrador parece ter-se moderado – e sua prioridade é reconciliar a nação: será a quarta mudança na vida pública mexicana, segundo o novo presidente, como se fosse um Messias.

julho, 2018

A FALTA DE
LUCIDEZ MORAL

A crueldade não está reduzida às guerras e revoluções – e a política não é o único segmento da faculdade humana no mundo, com características variadas e peculiares, a ser atingida pela insensibilidade moral. Em seu livro *Cegueira moral*, o sociólogo e filósofo polonês Zygmunt Bauman descreve a perda da sensibilidade na modernidade, exatamente como a onda de direita que invadiu o país, sobretudo nesse período eleitoral.

Zygmunt Bauman é o autor do conceito *modernidade líquida,* concepção que expressa tempos de instabilidade e volatilidade, momento histórico em que sociedades são alcançadas por um mal contagioso e que devora tudo, a exemplo da brasileira. Sua teoria sobre a modernidade e sua crítica ao universo capitalista encontraram hospedagem nos movimentos antiglobalização e anticapitalismo selvagem.

A modernidade líquida se caracteriza por uma sociedade e um tempo em que tudo é volátil e adaptável. Contrapõe-se à década passada a modernidade sólida, em que a sociedade estava ordenada, coesa, estável e previsível.

Se a política é a arte do possível, cada ambiente sociocultural carrega à tona sua própria personalidade de política, simultaneamente tornando difícil acessar outras molduras de organização, direção e administração de Estado. "No ambiente líquido moderno, não é exceção a essa regra", segundo Zygmunt Bauman.

A República nacional nasceu nos quartéis – e o marechal Deodoro da Fonseca foi o primeiro presidente. Pela lente da História, a comprovação da interferência do Exército tem sido realizada com votos nas urnas ou com pontapés na porta: o general Eurico Gaspar Dutra assumiu o poder pelo processo de escolha por votação. Na sequência, o general Juarez Távora perdeu para Juscelino Kubitschek de Oliveira.

Em 1960, o general Teixeira Lott sofreu derrota no confronto com Jânio Quadros, que seis meses depois renunciou ao posto. O vice-presidente João Goulart foi retirado à força do comando da nação pelos generais, que edificaram um governo autoritário, suprimindo e restringindo os direitos individuais.

Opondo-se profunda e decididamente à redução dos fenômenos sociais ao nível da psique individual, Hannah Arendt, filósofa política alemã de origem judaica, uma das mais influentes do século XX, observou que o verdadeiro gênio entre os sedutores nazistas foi Heinrich Himmler, comandante militar e organizador das massas num sistema de dominação total.

O Brasil está diante de uma das mais importantes disputas eleitorais ocorridas na história republicana. Jair Bolsonaro, capitão reformado do Exército, corre atrás do poder. Com um general, também da reserva, a tiracolo, dispõe-se a tudo. A democracia pode decidir, retirando a nação da perda de sensibilidade na modernidade líquida.

outubro, 2018

QUEM MATA A DEMOCRACIA

O termo democracia revelou-se pela primeira vez no pensamento político e filosófico grego na cidade-estado de Atenas, a partir de determinado tempo clássico. Liderados por Clístenes, os atenienses fixaram como a mais longa experiência democrática em 508-507 a.C.

A democracia ateniense assumiu geometricamente a forma de linha reta e duas propriedades distintivas: a seleção aleatória de cidadãos comuns para ocupar poucos cargos administrativos e judiciais no governo e Assembleia Legislativa, compostos por todos os habitantes elegíveis e autorizados a falar e votar, estabelecendo leis. No entanto, o conjunto de regras excluía mulheres, escravos, estrangeiros, não proprietários de terras e homens com menos de 20 anos de idade.

As transições do século XX para a democracia liberal movimentaram-se em sucessivas ondas, resultantes de guerras, revoluções, descolonização e por conjunturas religiosas e econômicas. A Primeira Guerra Mundial e a dissolução dos impérios Otomano e Austro-Húngaro converteram-se em novos estados na Europa, a maioria deles, nominalmente, democráticos.

Na década de 1920 a democracia floresceu, mas a Grande Depressão espalhou desencanto em países da Europa, América Latina e Ásia, que se transfiguraram em regimes ditatoriais. Outros modelos com supressão e restrição dos direitos individuais prosperaram na Alemanha, Itália, sistemas dominadores na Espanha e Portugal, aliados do nazifascismo.

Golpes militares e outras violentas usurpações do poder são raros hoje. Democracias ainda morrem, contudo, por instrumentos diferentes.

Desde o fim da Guerra Fria, as desintegrações democráticas não foram desferidas por generais, entretanto, pelos próprios governos escolhidos.

Em artigo publicado na *Folha de São Paulo*, o coronel de artilharia e mestre em ciências militares, Marcelo Pimentel Jorge de Souza, pronuncia seu juízo de valor: *"O mau exemplo do Exército tornou-se presidente"*.

Na sua narrativa sobre os atos de indisciplina do presidente eleito, Marcelo Pimentel revela que a saída do capitão Bolsonaro para a política, ao ser eleito vereador, teve distintos significados: alívio para o comando militar por livrar-se de um desagregador, capaz de comprometer a redemocratização – e para ele próprio, a oportunidade de adicionar a aposentadoria integral, com apenas 16 anos de serviço à nação, à renda polpuda de parlamentar.

Autoritários em potencial estão sempre dispostos a explorar crises para subtrair o poder. Na rebelião clássica chefiada por militares, a morte da democracia é imediata e visível. O método eleitoral para o colapso é perigosamente enganoso. O coronel Marcelo Pimentel espera estar errado em suas assertivas. Outros milhões de brasileiros também.

novembro, 2018

A VIGILÂNCIA
DA LIBERDADE

Na escuridão, começa a chover, mas todos os imigrantes vigiam a liberdade. *"Por favor, precisamos passar, imploramos ajuda"*, ouve-se do outro lado da cerca. Os policiais, também cansados, têm espaço para se movimentar; alguns estão apoiados sobre os escudos. De acordo com comissariado de refugiados das Nações Unidas, nos primeiros 15 anos do século XXI houve aumento de 41% de migrantes. *"Não vamos retroceder. Não podemos. Já deixamos tudo para trás em Honduras e lutamos pela única coisa que nos resta: a vida!"*, berra Jorge Rodríguez, entre a multidão estacionada na ponte.

No decorrer do século XX, o fluxo migratório passou a ser em sentido contrário, saindo dos países subdesenvolvidos para os países desenvolvidos da Europa e América do norte – e facilitado por quase nulas barreiras burocráticas, migram à procura de padrão de vida satisfatório.

A mudança no fluxo migratório, inicialmente, foi acolhida pelos países desenvolvidos, pois, com a evolução industrial, necessitavam de mão de obra de baixo custo, cativo a tarefas mais pesadas. Com o passar do tempo houve intensa mecanização no processo produtivo, declinando a necessidade de mão de obra desqualificada.

Com isso, batalhões de imigrantes perderam empregos e contribuíram para a ascensão dos problemas locais. Para brecar a entrada de migrantes e a disfunção originada pelo exército de trabalhadores desqualificados, as medidas se mostraram ineficazes e ineficientes, pois se tornou crescente a corrente de migrantes ilegalmente.

Exaustos e famintos, a maioria estava ali depois de caminhar centenas de quilômetros sob chuva e calor, comendo e dormindo ao relento. A maioria só transporta o que pode carregar: raras mudas de roupa e água, arrastando filhos pequenos.

Outro desafio gerado pelas migrações que os países desenvolvidos precisam pelejar é o preconceito e a intolerância, que frações da população possuem em relação aos migrantes, responsabilizados pelos problemas sociais, e ainda alimentam hábitos e manifestações culturais distintas.

No decorrer da história, os fluxos migratórios de maior importância econômica e estratégica, sobretudo, por razões políticas, nem sempre se deslocaram para o mesmo sentido.

Em nome da reflexão, entre o século XVI até a primeira década do século XX, o principal movimento migratório internacional se registra na Europa, em outras regiões do globo, pois os países europeus são responsáveis pela colonização da América, África e Ásia.

Na onda contra a imigração, especialmente latino-americana, comandada, com ardor, pelo presidente Donald Trump, dos Estados Unidos, o governo de Jair Bolsonaro está empolgado em ser o novo surfista, assíduo e festivo, apesar do protesto do mundo civilizatório.

dezembro, 2018

UM MAGISTRADO INDECIFRÁVEL

O juiz federal Sérgio Moro, indicado ao superministério da Justiça e Segurança Pública do governo Jair Bolsonaro, decidiu antecipar a saída da magistratura e pediu exoneração do cargo. Sérgio Moro conquistou notoriedade nacional e internacional por condenar homens públicos e executivos da linhagem de empresas do tamanho da Petrobrás e construção civil.

A Associação dos Magistrados Brasileiros elogiou a escolha de Moro para o Ministério. Em paralelo, a decisão gerou reação desfavorável da imprensa ocidental, pois ele havia condenado o ex-presidente Luis Ignácio, principal adversário de Bolsonaro na eleição. Graduado, mestre e doutor em Ciências Jurídicas, também cursou o Programa de Instrução de Advogados da Harvard Law School e participou dos estudos sobre lavagem de dinheiro no Departamento de Estado norte-americano.

Além da carreira profissional, pouco se sabe sobre sua vida pessoal. Reportagem da revista IstoÉ, em dezembro de 2014, descreveu-o como pessoa de "estilo reservado e hábitos simples". Ao retornar ao Brasil, trabalhou no caso Banestado, possibilitando a condenação de 97 pessoas, inclusive na Operação Farol da Colina – e em primeira instância, julgou os crimes identificados pela força-tarefa da Operação Lava Jato,

A partir daí, os holofotes da popularidade focaram em Sérgio Moro e espargiram os primeiros traços semelhantes com Giovanni Falcone, juiz italiano que combateu a máfia siciliana Cosa Nostra, recompensado com honrarias pela imparcialidade e honestidade. Antes de iniciar a Operação Mãos Limpas, o austero Giovanni Falcone foi assassinado a mando do chefe dos chefes mafiosos, Salvatore Riina, juntamente a sua esposa e guarda-costas, ao trafegar de carro por uma rodovia criminosamente dinamitada.

Ao ser flagrado na intimidade com caciques do PSDB, especialmente Aécio Neves, uma das almas penadas na bacia do purgatório – e sem ter feito quarentena ética antes de ir para o Executivo, os refletores da comparação recaem agora com Ivan Ilitch, personagem central da novela de Liev Tolstói. Juiz de tribunal superior, irrepreensível e respeitado da Rússia do século XIX, o magistrado, na antecâmara da morte, reflete sobre todas as etapas da sua vida.

Ao desvendar-se a si próprio, percebe que se casou com uma mulher apenas por ser rica e bela, simulava ter dedicação constante e excessiva na interpretação das leis, porém, os afazeres mundanos e ambição de ascensão ao cargo impediram-no de meditar sobre a vida. Segundo o crítico Otto Maria Carpeaux, *A morte de Ivan Ilitch* é uma das obras mais comoventes e mais pungentes da literatura universal. Roga-se às forças divinas que Moro jamais tenha o destino de Falcone, nem de Ivan Ilitch.

abril, 2019

O ETERNO MODELO

A economia dependente fica plenamente definida com o advento do imperialismo. No caso brasileiro, ela se esboça, distinguindo-se da economia colonial na primeira metade do século XIX – e define a plenitude dos seus traços quase início do século XX. O esboço da primeira fase caracteriza-se pela troca desigual e pelos empréstimos, sem investimentos estrangeiros praticamente. No segundo período, a aplicação do capital estrangeiro aflui crescentemente e na remessa de lucros não há restrições.

A remessa de lucros traduz o formato mais avançado de exploração das economias dependentes. A espoliação coloca a contradição dos interesses externos com a população do país dependente, também com a classe capitalista. Na contradição, a burguesia é povo, porém em outro plano como classe antagônica em relação às categorias subordinadas, especialmente as que vivem de salários.

Na obra clássica *O imperialismo, fase superior do capitalismo*, Lenin, líder da revolução bolchevique na Rússia, admite o imperialismo como definido nas últimas décadas do século XIX – e configuração dominante no século XX. No velho capitalismo predominava a livre concorrência. O que caracteriza o capitalismo moderno, no qual impera o monopólio, é a exportação de capitais.

Na revista da Cepal nº 127, Valeria Silva Mortari, mestranda, e Maria Aparecida Oliveira, professora da Universidade Federal de São Carlos, ao diagnosticarem a dependência de insumos importados pelo parque industrial brasileiro, baseado na ciência, caracterizada por sofisticada tecnologia, destacam a farmacêutica, equipamentos de informática, produtos eletrônicos e óticos.

Como preocupação, as autoras do estudo assinalam que setores mais dinâmicos e maior capacitação tecnológica, pertencentes às indústrias diferenciadas e intensivas em escala, a exemplo de refinação de petróleo, apresentam elevados níveis de sujeição externa.

A indústria constitui setor essencial para o desempenho econômico de uma nação pela sua capacidade de criar conexões entre emprego, investimentos e tecnologia. Nas últimas décadas se evidencia no Brasil um processo que gradualmente aumenta a dependência com o setor externo, à medida que incorpora insumos importados em sua produção, debilitando elos industriais preexistentes e dificultando a formação de outros novos, limitando a capacidade de encadeamento e aprofundando a dependência do país.

Na primeira prestação de contas da sua administração, dezembro de 1951, Getúlio Vargas denunciou a criminosa remessa de lucros, libelo irrespondível. Quase 70 anos depois, o governo de Jair Bolsonaro conduz o Brasil a abdicar da soberania no cenário internacional, num liberalismo caolho e predatório, sobretudo, cruel aos excluídos.

abril, 2019

CRIATIVIDADE TOTALITÁRIA

Com o rompimento da barragem da Companhia Vale Rio Doce, esterilizando a natureza por décadas, conduzindo homens e animais à morte inesperada, fecha-se mais outro capítulo da sua história evoluída no radicalismo e pode orientar sua interpretação pelas páginas do livro *Imaginação totalitária*, do mestre brasileiro em filosofia, Francisco Razzo.

Empresa de capital misto, com nítida e radical postura nacionalista, criada por um decreto-lei, em 1942, com controle acionário do estado, o complexo industrial foi organizado para impulsionar a exploração das riquezas minerais do subsolo brasileiro.

O surgimento da Companhia Siderúrgica Nacional tornou-se parte do projeto de desenvolvimento econômico mais amplo, visando à industrialização do país. Assim como a Companhia Siderúrgica Nacional, a Companhia Vale do Rio Doce continuou se fortalecendo ao longo dos anos. Na década de 1950, consolidou posições no mercado mundial. Nas décadas posteriores, houve diversificação das atividades, passível de ser levado em conta, incluindo a construção e exploração do porto de Tubarão, Espírito Santo.

Há doze anos, após longo confronto, em maio de 1997, a Companhia Vale do Rio Doce, um dos adornos mais brilhantes do patrimônio público brasileiro, foi recolhida das mãos do governo pela privatização, obedecendo à liturgia da desestatização recomendada pela bíblia conceitual do neoliberalismo, com a gerência dos negócios públicos sob a regência do presidente Fernando Henrique Cardoso. Com área de atuação inicialmente concentrada em torno das jazidas de ferro de Minas Gerais, com o tempo espalhou suas operações na região amazônica.

Para Francisco Razza, a obra de combate ao totalitarismo de Karl Raimund Popper, austríaco, filósofo da ciência, apontado como o mais influente do século XX, publicada em 1945, quase no encerramento da Segunda Guerra Mundial, fazia imponente defesa da democracia contra as formas históricas do pensamento político do homem como servo do Estado.

Na tese de doutoramento, "A reprodução simbólica da desigualdade social", na Universidade Livre de Berlim, o sociólogo Sighard Neckel disseca que os objetivos de inovação da empresa moderna estão subordinados à ampliação do grau de sua participação no mercado em termos das vendas de determinado produto, fração do mercado controlada por ela.

Na grande sociedade capitalista de Popper, apenas está aberta para quem detém as chaves: políticos e homens de negócios Trocando em miúdos: houve duas tragédias semelhantes e repetidas, em território mineiro, porque a modernização capitalista, entre suas variáveis perversas, é paradoxal quando induz avaliação e escolha de apropriação da riqueza idêntica a uma sociedade medieval.

abril, 2019

A MORTE DOS EMPREGOS

No 1º de maio, 28 milhões de brasileiros não tiveram motivos de festejos – e entre eles, os desempregados, desalentados e os que trabalham menos de 40 horas por semana. Além de converter-se em disfunção social grave, o exército de mão de obra desempregado, subutilizado ou na informalidade, restringe a capacidade produtiva da economia.

Em paralelo, a constelação de distorções no universo de negócios faz baixar a competição, entravando o crescimento das empresas mais produtivas e tornando exequível a sobrevivência de firmas com inexpressiva produtividade. Cálculos probabilísticos da Fundação Getúlio Vargas indicam que nas imediações da metade da perda de produtividade na recessão pode ser debitada a informalidade.

Ao abrir as cortinas do século XIX, as máquinas não eram tão visíveis, pois a agricultura se apresentava como o que havia de refinado, mais precioso, praticamente manual, auxiliada por enxadas e pás, arados puxados por cavalos e carroças.

No mundo contemporâneo, as corporações ocuparam o trono dos monarcas, remexendo manivelas, que operam automações, produtoras de bens e serviços da nação. A rotina: por uma porta da fábrica entra um equipamento mecânico, elétrico ou eletrônico; por outra sai um pelotão de operários.

Em entrevista a TV Record, Jair Bolsonaro questionou a metodologia de pesquisa da consagrada instituição IBGE, pois classifica como desempregada a pessoa que procurou ocupação regular e remunerada no período em análise. A direção do órgão respondeu que o corpo de regras da investigação e estudo segue as recomendações da Organização Internacional do Trabalho, uma das averiguações mais elogiadas no mundo por seu detalhamento.

Apesar dos arroubos de erudição do governante brasileiro, todas as nações, pobres e ricas, emergentes e prósperas, estão às vésperas de um exame conjunto e duradouro sobre o futuro dos empregos, simultaneamente às voltas com impostos elevados, com sistemas onerosos de bem-estar social e regimes reguladores sem clareza, um dos fatores de perpetuação da estagnação econômica.

Enquanto políticos, empresários e sindicalistas pelejam acirradamente sobre a criação de uma política de trabalho flexível, a redução dos impostos e a reformulação das regras da previdência social, a verdadeira razão do desemprego permanece intangível pela discussão estéril, escondendo ações e programas que deveriam ser arquitetados pelo Estado para garantir o bem-estar da população.

Até mesmo nações desenvolvidas padecem de contínuo crescimento do desemprego – e nos tempos difíceis nas economias nacionais, o governo brasileiro prefere implodir o que resta de inteligência criativa no país: as sucateadas universidades públicas e centros científicos.

maio, 2019

NO RUMO
DO CAOS

Em texto distribuído pela internet, Jair Bolsonaro, no autodiagnóstico das dificuldades do seu mandato presidencial, atesta que o Brasil *"é ingovernável"* sem os conluios que ele repele, nem admite a fazer. Ao contrário, na ótica do anarquismo, o Estado é um mal que não traz ordem, mas o caos.

Na realidade, numa mistura de ideias confusas, Jair Bolsonaro repassa à sociedade civil, que não sabe traduzir e conduzir, na prática, os princípios de meios e fins para comandar uma nação: suas ações são desprovidas de sentido e anêmicas, contaminadas por imperfeições jurídicas e tecnicamente impróprias.

Cinco meses depois da posse, os sinais de decepção se irradiam, especialmente porque o real e o ideal estão sem sentido e não integrados a uma estrutura de conceitos. A paralisia do governo não constitui o único entrave ao diálogo: a inexistência de ação é também inibida pela carência de inteligência.

O Estado envolve a existência de mecanismos, organismos, jurisdições, poderes e direitos, consistindo numa rede de relações sistemáticas. Onde quer que exista Estado haverá sempre política, processo de ativas controvérsias, entretanto, único canal em que os homens escolhem as alternativas ou questões fundamentais.

Jair Bolsonaro consagra seus momentos de criatividade à desforra de agressões, louvor público aos seus seguidores radicais, encarnados na tarefa de jogar abaixo a ordem ideológica, econômica, política e legal, que sempre compõe uma sociedade e um Estado.

Em paralelo, o chefe de governo e assessores do seu círculo de confiança desdenham a cooperação pragmática, dificultando acordos que conduzam à viabilidade dos objetivos de interesse geral. Ao contrário, alimentam a preferência em afrontar críticos e adversários.

Com obstáculos para articular a aprovação dos seus projetos prioritários, Jair Bolsonaro recarregou a bateria verbal: *"O grande problema do Brasil é a classe política"*. Depois do final do regime ditatorial, ele ainda não percebeu que marca no país a consolidação da mais longa fase de democracia, merecendo o qualificativo de "democracia de massas".

Para Friedrich Engels, empresário industrial e teórico revolucionário prussiano, assim como o Estado teve o início, terá o fim – e acabará quando desaparecerem as causas que o produziram. Segundo a tradição, a concepção positiva do Estado se espelha no modelo de Aristóteles, depois pela filosofia escolástica, finalmente à tradução latina da política: a polis existe "para tornar possível uma vida feliz"

No lugar de vislumbrar que seus fracassos se devem a forças tenebrosas, Jair Bolsonaro ainda dispõe de tempo para evitar uma crise maior, afundando o Estado, ou construir uma gestão produtiva e engenhosa.

maio, 2019

SOB AS REGRAS DA PSICOPATIA

Após a ascensão de Jair Bolsonaro ao poder, nasceu na galáxia da política brasileira uma misteriosa figura parda: Olavo Carvalho não mora no Brasil, mas em Richmond, estado norte-americano de Virgínia, não vive as questões do país, não foi eleito, mas enfeitiça, seduz, cativa a corte palaciana, sobretudo, o próprio presidente.

A história de influência áulica de Olavo Carvalho pode traçar relação com Gregório Rasputin, nascido na Sibéria, que começou a atuar como curandeiro do Czar e seu filho Alexei Romanov, portador de hemofilia e único herdeiro ao trono. Na residência do soberano, era entronizado por uns como visionário e profeta; por outros, simples charlatão.

Olavo Carvalho apresenta-se como ensaista e pensador, mas no passado atuou como jornalista e astrólogo. Autoproclamado filósofo, estudou filosofia por conta própria – e tornou-se o principal preposto do conservadorismo no Brasil.

O filósofo Pablo Ortellado, em artigo divulgado pela BBC de Londres, aponta Olavo Carvalho como o arquiteto do surgimento da nova direita brasileira, além de ser identificado como mestre espiritual do presidente Jair Bolsonaro, intelectualmente não qualificado diante do seu ídolo maior.

Pela sua capacidade de conter a hemofilia de Alexei Romanov, a família czarina sempre dedicou disposição para ouvir e confiança desmedida a Rasputin, denominando-o de "mensageiro de Deus" – e por diversas vezes usou seu "poder hipnótico" durante sua vida, conforme o historiador norte-americano Joseph Furhmann.

Olavo Carvalho defende os princípios metafísicos das antigas civilizações e combate a perda do sentido simbólico do universo. Sua visão da cultura articula-se à teoria da história. Ele não avalia o mundo contemporâneo como realização do progresso, contudo, como acaso, expressão de uma crise da civilização que, de acordo com sua linha de pensamento, seria o adentrar na barbárie.

O sábio do capitão brasileiro confessa que suas ideias não se enquadram em categoria ideológica, condenando quem adota posições por automatismo. Em sua opinião, a esquerda política brasileira domina a universidade, a mídia, a cultura e a política do país, empregando métodos da revolução passiva de Antonio Gramsci, a "revolução sem revolução".

Rasputin anunciou ao Czar, por meio de carta, com antecedência de um ano, sua própria morte por assassinato. Após a batalha perdida com o grupo fardado do governo, Olavo Carvalho avisou que não se mete mais na política nacional e mergulhou num silêncio obsequioso.

Para respeitado professor acadêmico e baiano, Paulo Barbosa, ambos possuem algo marcante em comum: a psicopatia, distúrbio mental grave em que o enfermo apresenta comportamentos antissociais e egocentrismo extremo.

junho, 2019

NA CONTRAMÃO
DA REVOLUÇÃO

A palavra *revolução* traduz, em termo vago, mudança abrupta e radical. Na história, as revoluções têm coincidido quando novas tecnologias e configurações de perceber o mundo desprendem transfiguração brusca nas estruturas sociais e nos sistemas econômicos. As substituições das características habituais podem manter o mesmo estado por anos para se desmembrarem.

A primeira alteração na maneira de viver do homem, a transição da busca de alimentos para a agricultura, registrou-se há quase 10 mil anos, graças à domesticação dos animais, combinando a força animal e a dos seres humanos em benefício da produção, da comunicação e do transporte.

A primeira revolução industrial afluiu entre 1760 a 1840, com a construção de ferrovias e invenção da máquina a vapor, a partida da produção mecânica. A segunda, movimento do século XIX, invadiu o século XX – e com o advento da eletricidade e linha de montagem permitiu a fabricação em massa.

A terceira revolução industrial começou na década de 1960, com a troca sensível para a era digital ou do computador, impulsionada pelo desenvolvimento dos semicondutores, da computação pessoal e da internet. Sabedor das várias definições e argumentos acadêmicos para descrever as três primeiras, o mundo contemporâneo entrou na quarta – e o que a torna diferente das anteriores é a fusão das tecnologias e a interação entre os domínios físicos, digitais e biológicos.

Em plena quarta transformação gigantesca, o transporte público de Salvador é o quinto pior do mundo, segundo estudo da Expert Market. A sondagem pinçou fatores como tempo de viagem, distância percorrida, tempo de espera, baldeações essenciais e o custo mensal, segundo o salário médio da população.

Para expressar modernidade na época histórica das tecnologias avançadas, a Prefeitura de Salvador está implantando um projeto atípico do BRT (Bus Rapid Transit) monstruoso e agressivo, sem qualquer alternativa para poupar a derrubada criminosa de árvores centenárias e tamponamento dos rios, plano urbano reprovado, mesmo se fosse de autoria de iniciantes.

Por sua tonalidade tediosa e inconsistente – apesar da tentativa de convencimento ao contrário, com suporte publicitário – o conjunto de ideias do BRT, talvez, revele-se melhor na amargura do taxista João, ao assistir, na Avenida ACM, uma motosserra decepando uma de mais de 500 árvores condenadas à morte: *"Sinto como estivessem retalhando meus braços ou devastando a cidade".*

julho, 2019

DE VOLTA
AO PASSADO
REMOTO

No reinado de Roma do ano 37 a 41 d.C., Incitatus, o impetuoso, em tradução livre do latim, tornou-se o cavalo preferido do imperador Calígula, transportado da Espanha, mercado exportador de 10 mil gados cavalar ao ano, mais ou menos. Segundo Philippe Ariés, no volume I, *História da vida privada*, 18 criados zelavam Incitatus, sempre ornado com colar de pedras preciosas, que dormia entre mantas púrpuras, cor destinada apenas aos trajes imperiais, monopólio real – além de edificada sua estátua em tamanho real de mármore, com pedestal em marfim.

Calígula incluiu o nome de Incitatus na relação dos senadores e ponderou a hipótese de transformá-lo em cônsul, o mais alto cargo político da República Romana. A cada ano, dois cônsules eram eleitos para servirem em missões pelo período de 12 meses. Eles se alternavam mensalmente no exercício do imperium, que se estendia sobre Roma, Itália e as províncias romanas.

Se um cônsul morresse durante seu mandato, outro deveria ser escolhido pela Assembleia das Centúrias para servir pelo resto do tempo que faltava, porém, como cônsul sufecto. O cônsul ordinário ostentava prestígio maior que o cônsul sufecto, seguindo a cartilha da meritocracia.

Na física quântica, ao contrário da geometria euclidiana, duas paralelas se encontram em determinado ponto e assumem novas formas. Já a história, no seu movimento de linha curva, que se desenrola num plano de modo regular a partir de um ponto, dele afastando-se gradualmente, parece enganosamente repetir os fatos, a exemplo da biografia de Incitatus e a indicação do deputado Eduardo Bolsonaro, filho querido do seu genitor e chefe da nação, para assumir a embaixada do Brasil em Washington, posto diplomático mais reluzente.

Desde a década de 1940, o concurso para admissão na carreira de diplomata é promovido pelo **Instituto Rio Branco**, em parceria com **o Instituto Americano de Desenvolvimento**. Embora sofra pequenos ajustes periódicos, o formato estabilizou-se, na primeira fase, com **questões objetivas** e dissertativas. **O ingresso depende exclusivamente da aprovação na forma de admissão.**

Mesmo sem frequentar qualquer curso no Instituto Rio Branco, para o ex-capitão, no papel de pai coruja, Eduardo Bolsonaro concentra qualidades para galgar o comando diplomático na capital dos Estados Unidos: já fez intercâmbio, fritou hambúrguer em terras norte-americanas – e no frio do Colorado, numa montanha lá, aprimorou seu inglês.

Para ser um quadrúpede dileto ou a paixão do imperador Calígula ou Caio Júlio César Germânico, terceiro soberano romano e membro da dinastia Julia/Claudiana, instituída por Augusto, Incitatus retribuiu como cavalo de corrida imbatível – e terminou sua carreira política apenas como senador.

julho, 2019

A MENTIRA E
A VERDADE
DE CADA DIA

Recente estudo, liderado pelo acadêmico Sebastián Valenzuela, da Faculdade de Comunicação da Pontifícia Universidade Católica do Chile, dissecou o impacto das notícias falsas e verdadeiras, que alcançam corpulenta circulação e interesse público, a exemplo das denúncias contra o poderoso ministro Sergio Moro, incapaz de desmentir as revelações do The Intercept.

O impacto da introdução de novas tecnologias de comunicação, como redes sociais, tem se revelado em benefício para seus usuários ao ser instrumento de divulgação de conteúdo ao cidadão e fonte relevante de informação pública, porém, produzindo também consequências negativas, como a circulação de notícias falsas, que alimentam a desconfiança social.

Diversificadas investigações têm tentado determinar o modelo de material que influencia nos processos eleitorais, como a escolha de Jair Bolsonaro, por sufrágio, ao detectarem-se campanhas deliberadas de difusão de fatos falsos para subjugar a deliberação dos eleitores, estancando o aprimoramento do modelo democrático e deteriorando o ambiente político.

O estudo delimita a relação estreita entre participação das redes sociais e a divulgação de conteúdo falso. Segundo a pesquisa, um grupo pequeno, composto por cidadãos adultos, seria o mais propenso a difundir informações contrárias à realidade ou à verdade.

A diferença dos meios tradicionais, cujos métodos informativos respondem a rotinas profissionais, autorreguladas por comportamentos éticos, de satisfazer o direito à informação dos cidadãos, as redes sociais permitem a difusão de conteúdo sem autoria identificada e sem hierarquização, nem verificação.

Daí o valor insubstituível do trabalho do jornalista, capacitado para fazer distinções e hierarquização de conteúdo, de acordo com sua confiabilidade, minimizando os riscos a erros, as intenções de manipulação e alteração das regras democráticas.

É indiscutível a expansão das redes sociais, traduzidas como participação cidadã transversal. Porém, o propósito de confundir as massas restringe a utopia de uma democracia digital capaz de suprir as limitações próprias da democracia representativa.

As disparidades de renda, entretanto, ameaçam o desenvolvimento socioeconômico, especialmente no Brasil, e a democracia. Resistindo à perda de status, a classe média socorre-se a líderes populistas, que garantem transportar o passado de volta, com soluções simples e discursos radicais.

Sem dúvida, o mundo vive a configuração do século XIX quando a ascensão do nacionalismo e do populismo produziu os conflitos do século XX – e apenas o público atento pode evitar que o mau uso da informação escarafunche a confiança social e os fundamentos democráticos da liberdade de expressão.

agosto, 2019

O CAPITALISMO AO EXTREMO

Existe falta de clareza e exatidão do termo anarquismo, porém, fácil de ser entendido como caos, homem que abandonou todos os princípios, às vezes apontado como terrorista. Na realidade, uma teoria social e movimento político – presente na história ocidental desde o século XIX a metade do século XX – que sustenta a ideia de que a sociedade existe de forma independente e antagônica ao poder do Estado, considerado dispensável e até mesmo nocivo ao estabelecimento de autêntica comunidade humana.

Joseph Proudhon, nascido em Besançon, França, tornou-se o pai do anarquismo e membro do Parlamento do seu país após a revolução de 1848. Impressor de livros em latim, em sua primeira obra. *Inquérito sobre o Princípio do Direito e de Governo*, está registrada a sua mais célebre afirmação: "A propriedade é um roubo". A divulgação do livro atraiu atenção das autoridades francesas e o escrutínio de Karl Marx.

De acordo com Nicolas Hardy Walter, escritor anarquista e ateu britânico, a "forma de ação anarquista comum é fazer com que a agitação, gerada por determinada questão, transforme-se em participação ativa numa campanha, podendo ser reformista, tentando mudar algo sem alterar todo o sistema, revolucionária, legal ou ilegal, violenta ou apenas não violenta".

O pensamento de Proudhon forneceu o suporte intelectual do movimento anarquista europeu. O russo Michel Bakunin, uma das figuras mais influentes do anarquismo e um dos principais fundadores da tradição social anarquista, sempre atribuía a Proudhon o título de *Mestre de todos nós*.

Durante a segunda metade do século XX, surgiu uma configuração de anarquismo contemporâneo sem relação com o histórico, entretanto, conservando ideias do antigo do século XIX: o anarcocapitalismo promove a eliminação do Estado e a proteção e soberania do indivíduo, por meio da propriedade privada e do mercado livre.

Em uma sociedade anarcocapitalista, a educação, a saúde, os tribunais e todos os serviços de segurança pública são produzidos por concorrentes privados, não por impostos, sobretudo a aplicação de moedas correntes num mercado aberto. Portanto, as atividades pessoais e econômicas no anarcocapitalismo são reguladas pela gestão do direito privado e não pela lei da administração política.

O governo de Jair Bolsonaro demostra ser partidário dos princípios éticos e conduta moral do anarcocapitalismo no seu ponto máximo: o Brasil continua sem um plano econômico apropriado ao nome e cada vez mais distante do crescimento, mais longínquo do desenvolvimento, segundo denunciam economistas das melhores universidades do país – e a obra da equipe de Paulo Guedes se assemelha a um leilão irrestrito dos ativos nacionais apenas para estrangeiros.

agosto, 2019

A FLORESTA
DA DESAVENÇA

A região amazônica, que aglomera nove países – Brasil, Guiana Francesa, Suriname, Guiana, Venezuela, Colômbia, Equador, Peru e Bolívia – singulariza um padrão visual de épocas históricas heterogêneas. Sob a ótica científica da geógrafa Bertha Koiffmann Becker, da Universidade Federal do Rio de Janeiro, a Amazônia é uma floresta urbanizada, vocábulo que se justifica por marcar a maior taxa de crescimento urbano nos últimos 30 anos, principalmente do lado brasileiro.

No último censo do IBGE, 70 por cento da população da região Norte vive em núcleos com hábitos típicos da vida de cidade, apesar dos inapropriados índices de distribuição de renda do país. A falta de infraestrutura e ausência de serviços os condenam a serem classificados como pequenos centros ou aglomerados inchados.

No estudo interdisciplinar "Região & Desenvolvimento no Capitalismo Contemporâneo", o professor-doutor Marcos Costa Lima, da Universidade Federal de Pernambuco, comprova que as populações amazônicas reforçam a expressão de Euclides da Cunha de "terra sem história" em sua passagem por ali, início do século XX.

Em seus estudos e pesquisas sobre a Amazônia, Euclides da Cunha revelava preocupação com o desenvolvimento da vasta extensão de terra e manifestava-se a favor da sua integração efetiva ao país, pois, à época, havia medo das invasões de caucheiros peruanos no Acre, que, ilegalmente e perversamente, exploravam a mão de obra indígena à força ou com presentes insignificantes.

No espaço geográfico plurinacional, escreveu Marcos Costa Lima, afloram diversificados problemas: deslocamento de populações, narcotráfico, plantio de coca, propriedade de terra, questão energética – e a biodiversidade de imenso patrimônio natural desconhecido e inadequadamente utilizado. "O seringueiro realiza tremenda anomalia: é o homem que trabalha para escravizar-se", descreveu Euclides da Cunha, por sua vez, de forma incisiva.

Doutora pelo Instituto de Geociências da UFRJ, pós-doutoramento pelo Department of Urban Studies and Planning e membro da Academia Brasileira de Ciências, Bertha Becker assevera que o tema amazônico não é simplesmente regional, mas um desafio à ciência nacional e mundial.

O governo brasileiro ainda não reteve, pela inteligência, que existe convergência entre especialistas de que os modelos dinâmicos e impactos da ocupação humana na Amazônia devem incorporar diferentes componentes do espaço geográfico, incluindo aspectos socioeconômicos, físicos, ecológicos, climáticos e demográficos.

O dirigente francês Emmanuel Macron, amplificando o volume da desavença diplomática com o Brasil por causa da floresta trombeteou: *"Espero que os brasileiros tenham logo um presidente à altura do cargo"*.

setembro, 2019

AS TREVAS
DA REPÚBLICA

As *Catilinárias*, série de discursos célebres do cônsul romano Marco Cícero, pronunciados como ato de denúncia contra a trama planejada pelo intragável conspirador Lúcio Sergio Catilina – e logo na abertura da sua oração espicaçou: *"Até quando, Catilina, abusarás da nossa paciência?".* O primeiro e o último dos pronunciamentos foram direcionados ao Senado, os outros dois proferidos ao povo romano. As quatro peças oratórias revelam a conspiração.

Fracassado financeiramente, Catilina, filho de família nobre, juntamente aos seus seguidores subversivos, planejava demolir o governo republicano para lograr riqueza e poder. Após o confronto aberto, ele resolveu afastar-se do parlamento – e refugiou-se num exército clandestino para proteger-se.

O modelo de República passou a vigorar na antiga Roma, após a destituição do último rei, Tarquínio, o Soberbo, membro da dinastia etrusca, que chefiou a civilização itálica durante 244 anos. Com o advento da República, a estrutura monárquica foi desprezada e novas instituições se edificaram.

A República era governada pela magistratura, responsável pela gestão pública, e o Senado, constituído pelos cidadãos mais velhos, elaborava leis e tinha o controle da ação dos magistrados. Dos vários cargos da magistratura, o cônsul ocupava o mais alto posto na pirâmide hierárquica – e dois deles, selecionados pela Assembleia Curiata, ficavam à frente do poder.

Na década de 60 a.C., Catilina pretendia ser escolhido cônsul da República. Contudo, olhado com desconfiança por seus pares, a maioria enxergava nele um perigo para as instituições republicanas.

Não conseguindo se eleger junto aos seus aliados, entre eles o antigo parlamentar Públio Cornélio Lêntulo Sura, Catilina, em retaliação, procurou organizar um golpe contra a República, consistindo no assassinato de dois cônsules e na subjugação do Senado. Entretanto, os legisladores tornaram público os planos de Catilina.

Cícero, apontado como um dos cônsules, encarregou-se de desmascarar Catilina no Senado – e seus discursos são admirados até hoje pela elegância de estilo e firmeza das denúncias.

No seu livro *Crises da República*, a filósofa Hannah Arendt ensina que o mentiroso ou embusteiro é derrotado pela realidade. Segundo ela, por maior que seja a rede de falsidade nunca será suficiente para cobrir a imensidão dos fatos, mesmo com ajuda do computador.

Na República brasileira, sem a figura imponente de Cícero, um poder de mentiras, com declarações grosseiras para fora e dentro do país, impróprias a um governo, tenta-se reescrever a história para adaptar um passado recente de trevas a sua linha política e ideológica, confiante de que a veracidade nunca esteve entre as virtudes e deveres do cidadão.

setembro, 2019

A DECOMPOSIÇÃO DO PODER

Nos mais violentos protestos, desde a redemocratização em 1990, os chilenos estão subjugados ao estado de emergência, além do toque de recolher, decretado pelo presidente Sebastian Piñera: "*O Estado luta contra um inimigo poderoso, implacável*", reconheceu o chefe da nação.

A insatisfação no Chile vai além do aumento monetário na tarifa de metrô: o país enfrenta desafios que vão da educação ao alto custo de vida e aposentadoria com valor deteriorado, modelo de administração pública elogiado pelo governo de Jair Bolsonaro.

Concretamente, o que se revela subitamente no Chile e em outras nações é que o poder, a capacidade de conseguir que outros façam ou deixem de criar algo, está passando por transfigurações históricas: os agentes tradicionais e influentes – governos, forças de segurança, empresas e sindicatos – estão sendo confrontados com novos e surpreendentes rivais, menores em tamanho e recursos.

Em seu livro *Crises da República*, a filósofa Hannah Arendt expõe que a desobediência à lei se tornou fenômeno de massa nos últimos anos, quase no mundo inteiro. O desprezo pela autoridade estabelecida, religiosa e secular, social e política, poderá ser um dia acontecimento trivial, porém, desprovido de graça e elegância.

A política sempre foi a arte dos compromissos, mas a cada dia parece ter se convertido na arte de impedir que se fechem acordos. O obstrucionismo e a paralisação são traços cada vez mais habituais no sistema político, em todos os níveis de tomada de decisões, em todas as áreas do governo e na maioria dos países.

As coalizões fracassam, são convocadas eleições com maior frequência e os mandatos que os eleitores outorgam a quem vence as eleições mostram-se cada vez mais enganosos. Ganhar eleição, talvez, ainda seja uma das emoções da vida, contudo, o brilho do triunfo se dissolve depressa, abrindo caminho à frustração.

"Mesmo ocupar o topo de um governo autoritário não é algo mais tão seguro e poderoso como já foi", segundo assinalou Moises Naim, ministro do Desenvolvimento na Venezuela entre o final da década de 1980 e o início dos anos 1990, em seu best-seller *O fim do poder*.

No término da década de 1960, o cientista político Samuel Huntington, da Universidade de Harvard, percebeu que a causa fundamental da instabilidade social e política nos países em desenvolvimento, catalogada por ele como "sociedades em rápida mudança", reside nas expectativas das massas, que aceleram maior velocidade do que a capacidade de qualquer governo em acompanhá-las.

Assim, a revolução nas expectativas e a instabilidade política, construída pelo fosso entre o que as populações reivindicam e que o governo pode ceder-lhes em oportunidades ou melhores serviços, são agora globais.

outubro, 2019

OS MALES DA GLOBALIZAÇÃO

Dois historiadores da Universidade de Princeton, Jeremy Adelman e Pablo Pryluka, publicaram, esta semana, artigo acadêmico em revista da própria instituição: "A política da frustração na América Latina", recapitulando a situação política e social da região, procurando desvendar amplamente a frustração que envolve as distintas nações.

Os autores reparam o esgotamento do prazo concedido pelas sociedades às elites, explicando que as melhorias materiais registradas na primeira década do século e as promessas de maior bonança são agora inconsequentes. Com a economia estagnada há quase uma década e os preços dos bens exportáveis em baixa, o financiamento do avanço econômico empacou.

O encolhimento do comércio internacional golpeou o território, tornando insustentável a recuperação econômica. Assinalam Adelman e Pryluka: "A América Latina não pode ligar sua esperança as promessas da globalização, que desvanecem – e tão pouco pode voltar ao populismo antigo. A única certeza é que a tolerância das populações está curta. Longos anos de promessas têm superado as expectativas no momento em que o futuro assume contornos sombrios".

O economista Luiz Gonzaga Belluzzo transcreve, na matéria de sua autoria, "O paraíso em chamas", na revista *Carta Capital*, o colega chileno e professor de Cambridge, Inglaterra, Gabriel Palma, para desenhar a América Latina de hoje: "É uma região cuja imaginação social crítica estagnou desde a crise da dívida em 1982 e da queda do Muro de Berlim".

Na verdade, o neoliberalismo, com suas requintadas tecnologias de poder e políticas econômicas pouco aprimoradas, conquistou a elite capitalista – os poderosos do continente, a "superabundância de indivíduos autossafisfeitos", segundo classificação de Gabriel Palma – que compartilha com um universo político, portador de traços e qualidades da mesma natureza.

A questão da desigualdade está na parte central dos conflitos políticos. Numa formulação um tanto caricata, o presidente Jair Bolsonaro promete arrecadar trilhões com a venda de empresas estatais. A privatização é invenção do capital financeiro universalizado – e os sócios menores são empresários dos países no rumo do desenvolvimento.

"A onda de privatizações obedece à lógica patrimonialista e rentista do moderno capital financeiro em seu furor de aquisições de ativos existentes. Nada tem a ver com a qualidade dos serviços prestados pelas empresas privatizadas", mostra com precisão Luiz Gonzaga Belluzzo.

Em resumo, somente as lutas sociais e políticas, postura dos teóricos socialistas do século XIX, serão capazes de atenuar a miséria dos espoliados, produzida pelo atual e titubeante governo ao destruir as instituições diante de uma sociedade alquebrada.

novembro, 2019

A VIDA SEM SOFRIMENTOS

"Todos os membros do reino animal, incluindo aves e vida aquática, têm os mesmos direitos que os humanos". De modo nenhum é ficção, mas a manifestação do tribunal superior do estado indiano de Uttarakhand, a 320 quilômetros de Nova Déli. A resolução judicial propõe unificação do mundo material, um código oculto da Natureza, versão científica da crença religiosa na unidade de todas as coisas.

Os juízes Rajiv Sharma e Lok Pal Singh são autores pela definição a nível jurídico. As vacas sempre representaram algo para todos os simpatizantes do hinduísmo. São animais venerados, que simbolizam a vida, a fonte de alimento, vedados à profanação na Índia.

Por isso, a deliberação dos magistrados vai além porque incorpora uma série de instruções para prevenir a crueldade contra todos os animais: *"Para protegê-los, incluindo os avícolas e aquáticos, devem ser conferidos o mesmo estado legal do indivíduo",* grifou eles.

Além disso, os humanos responderão pelo desrespeito à lei, pois todos são guardiães e têm o dever de garantir a segurança aos seres classificados de irracionais. *"No total, existem 57 páginas detalhando a proibição do emprego de 'pregos, arreios, garfos com espigões, colisões pontiagudas em equipamentos' para evitar 'contusões, hematomas, escoriação ou fortes dores nos animais'".*

Os magistrados empregaram livros sagrados do hinduísmo, a exemplo de Isha Upanishad, em que se revela, em formato de mantra, a paridade entre as espécies. Não é a primeira vez que tal Corte lança os refletores da atenção internacional sobre si: em veredicto similar, elevou os rios Ganges e Yamuna ao grau de entidade legal em março passado.

Durante milênios, magos, filósofos e cientistas vêm tentando decifrar o enigma da existência, convencidos de que a fantástica diversidade do mundo natural possui origem única, que a tudo engloba. A essência da busca é a convicção de que tudo está interligado, conexão entre todas as coisas.

Na escala do Universo, a história do homem não é nem mais importante, nem menos meritório do que a da estrela, da bactéria ou do cão. Todos os seres são tão inteligentes ou tão pensantes uns quanto aos outros, segundo o físico quântico Jean-Émile Charon, em *O espírito: este desconhecido,* um dos mais de 20 livros da sua autoria sobre física e ciência da computação.

Na realidade, a vida é um fenômeno bastante rico e complexo: abrange um leque vastíssimo de seres, dos moluscos às plantas, dos animais aos homens, e se apresenta com propriedades marcadamente diversificadas, em grupos separados. Instituições, idênticas a Anima Naturalis aplaudiram a resolução adotada pelos meritíssimos indianos, pela notícia auspiciosa, porém, não sabem ainda que aplicação real possa ter.

dezembro, 2019

ENGENHEIROS DA MISTIFICAÇÃO

Aos olhos dos eleitores, as carências de raciocínio dos líderes populistas se transformam em qualidade, a inexperiência equivale a não integrarem ao círculo da "velha política", e a incompetência transfigura-se em garantia de autenticidade. As tensões que eles provocam internacionalmente são captadas como indício de independência, liberdade de pensamento.

No mundo do presidente norte-americano Donald Trump, primeiro-ministro da Inglaterra, Boris Johnson, vice-primeiro-ministro italiano, Matteo Salvini, e presidente brasileiro Jair Bolsonaro, cada dia transporta-se sua própria gafe, sua inerente polêmica, seu autêntico golpe brilhante. Entretanto, à sombra das manifestações desenfreadas do festival populista, está o trabalho de ideólogos e especialistas, atores especiais no salto deles ao poder.

O livro *Engenheiros do caos*, de Giuliano Da Empoli, jornalista e escritor suíço, é o retrato do movimento populista global, hoje a todo vapor, nos primeiros passos, a partir do início do século XXI, por meio de investigação ampla. O resultado é um leque de personagens, quase todos desconhecidos do público, mas que vêm modificando as regras do jogo político e a silhueta das sociedades.

Do lado do "populismo de direita" existem Trump, Salvini e Bolsonaro, que se autopromovem como alternativa à crise do neoliberalismo. A recente entrevista de Steve Bannon, estrategista-chefe da Casa Branca, publicada pelo diário uruguaio *El País*, é a síntese política contemporânea.

Do lado do "populismo de esquerda", Jean-Luc Mélenchon, político francês, atual líder do movimento França Insubmissa, atua com dissonância – e os equivalentes latino-americanos estão em crise ou assumindo orientações conservadoras, como o kirchnerismo, na Argentina.

Na tentativa de compreender o fenômeno, o sociólogo argentino Ernesto Laclau adiantou seus passos além da luta de classes e construiu o conceito do populismo, tornando-se renomado por sua obra. No contexto do peronismo, ele percebeu o antagonismo pluralista em que os conflitos sociais convivem harmonicamente e, juntos, germinam demandas comuns, capazes de oposição forte e veemente ao poder hegemônico constituído.

Ernesto Laclau compreendeu na articulação do povo, em sua multiplicidade, o desencadeamento de outra perspectiva de democracia: a política começa na resistência e rebelião. Enfim, segundo ele, o populismo é mais do que estigma, anomalia ou descarrilhamento da normalidade, tornou-se concepção-chave para pensar a política.

Talvez, Mark Twain, escritor e humorista norte-americano, crítico do racismo, século XIX, seja o mais atual no deciframento sobre populismo: "Uma mentira pode dar a volta ao mundo no mesmo tempo que a verdade leva para calçar seus sapatos".

janeiro, 2020

ANATOMIA DE UMA FAMÍLIA REAL

A monarquia britânica tem sido sacudida por crises ao longo da história: privilegiando o amor acima do dever, o rei Eduardo VIII provocou verdadeiro terremoto no Império em 1936, após 326 dias de reinado, para poder se casar com Wallis Simpson, plebeia norte-americana, duas vezes divorciada, rechaçada pela classe dominante e pela Igreja anglicana, instituição chefiada por ele.

O irmão de Eduardo VIII, George VI, pai de Elizabeth II, sucedeu o soberano repudiado. O mal de amores e as infidelidades da enérgica Princesa Margareth, irmã caçula da mais longeva rainha sobre a face da Terra, nutriram as línguas fofoqueiras dos súditos, além das suas loucuras, que abalaram as tradições e o convencionalismo.

Quando o inferno zodiacal da realeza inglesa parecia ter sido vencido e vergado, a única filha da rainha, a princesa Anne, divorciou-se do primeiro esposo, Mark Phillips, fato explorado à saturação pelos tabloides bisbilhoteiros.

Annus horribilis de 1992 para a matriarca, que enfrentou os matrimônios suscetíveis a tombar de três dos seus quatro filhos. A separação mais dura foi do príncipe herdeiro Charles e da princesa Diana, após 11 anos de tumultuada vida em comum. Elizabeth II tornou-se alvo das críticas por sua carência de compaixão quando a princesa do povo, adorada pelas multidões, morreu num acidente.

Enquanto o povo depositava milhões de flores nas grades do Palácio de Buckingham, o príncipe Charles e sua mãe se entrincheiravam na Escócia – e ela apenas desembarcou do silêncio às vésperas do funeral, quando discursou perante as câmeras de televisão.

Na mesma época, o príncipe Andrew, segundo filho de Elizabeth, separou-se de Sarah Ferguson, fotografada com os seios descobertos à borda de uma piscina no sul da França, com seu assessor financeiro, lambendo os dedos dos seus pés. Apesar de tudo, Andrew e Sarah mantêm boas relações.

No momento em que a família real parecia navegar no mar de almirante, o casal mais recente de sangue azul, Príncipe Harry e Meghan Markle, anunciou sua retirada da realeza britânica. Uma ideia amadureceu na cabeça do par para a decisão: ambos desejam espelhar ao filho a tradição da família real, mas que fique junto e misturado aos plebeus. Markle é a primeira mulher afrodescendente a participar da família real inglesa.

De tempos em tempos, com ou sem confusão, a família real é acusada de onerar demasiadamente os cofres públicos da Grã-Bretanha. A Brand Finance, empresa especializada em avaliação de marcas, calculou, contudo, o valor da realeza britânica: 44,5 bilhões de libras ou mais de 139 bilhões de reais. Assim, a coroa não só devolve todos os seus gastos ao erário como também beneficia o país, sobretudo, com turismo.

fevereiro, 2020

A PATOLOGIA
DO MAL

Fascista e fascismo são termos aplicados para classificar Jair Bolsonaro, seus adeptos e brasileiros de extrema-direita. Pela visão do sociólogo Antonio David Cattani, da Universidade Federal do Rio Grande do Sul, é adequado referir-se ao "mau" e à "malignidade" às estruturas arquitetadas por "forças econômicas poderosas, movidas pela ganância sem limites".

No livro *A síndrome do mal*, David Cattani descreve o fascismo como governo marcado pela relação direta entre líder político e massa popular, tingida de nacionalismo, expressada em países europeus numa época específica: a partir de 1920 até 1975, ano da morte do espanhol Francisco Franco, último caudilho da Europa ocidental.

Mestre e doutor em Sociologia pela Universidade de Paris, David Cattani percebe a maldade pura e simples nos brasileiros defensores entusiasmados de ideias a favor do extermínio de pobres, bandidos, homossexuais, negros e rivais políticos. "São pessoas malignas, diante da degradação do caráter moral coletivo, manifestam ódio e intolerância aos valores da civilização", pontua Cattani.

Tal "malignidade" caracteriza-se, segundo a proposição de David Cattani convertida em livro, pela crença de que existem pessoas superiores e inferiores, por autoritarismo, individualismo, egoísmo, anti-intelectualismo, obsessão com a sexualidade e idealização da família e tradição.

As reflexões, à tona na tese de doutoramento, brotaram quando o sociólogo conviveu no ambiente acadêmico da Universidade de Bologna, Itália. Flagrou manifestações fascistas, impulsionadas pelo líder da extrema-direita

Matteo Salvini: "As estratégias dele incitam ressentimentos, intolerâncias, racismos, preservadas também na disposição de agir de Donald Trump e Bolsonaro. Eles recrutam o que há de pior na sociedade, especialmente quando reduzem oportunidades de emprego e a disputa se acirra na mão-de-obra", assinala Cattani.

As anomalias o estimularam a analisar os comportamentos dos brasileiros, historicamente machistas, racistas, intolerantes e elitistas, que agora encontram num presidente desqualificado apoio para espalhar malignidade.

Para o sociólogo, graduado em Economia, a "malignidade" à brasileira tem sido fomentada e aproveitada pela alta sociedade, bancos, meios de comunicação e multinacionais. Os donos do grande capital não precisam de democracia. Recrutam "grupos obcecados e moralistas" que, por medo e ressentimento, extravasam ódio, tentam "subjugar e eliminar os diferentes", os portadores de projeto por uma sociedade justa.

Enfim, violência, intolerância, ódio e crueldade se revelam como síndrome, conjunto de sintomas materializado em configurações degradadas e desumanizadas na cartilha da boa convivência social.

fevereiro, 2020

O BRASIL VISTO
PELA CAVERNA

Aalegoria da Caverna, o sétimo volume de *A República*, obra mais comentada do filósofo grego Platão nos meios acadêmicos – e entendida como a percepção do mundo pelo ser humano a sua volta: um aglomerado de pessoas acorrentadas desde a infância, defronte a uma parede vazia, impedidos de enxergar uns aos outros ou a si mesmos.

Os agrilhoados assistem, contudo, algo passando em frente ao fogo atrás deles, e começam a batizá-los com nomes. O fato real é que há pessoas carregando mercadorias por trás de outra parede baixa, porém, o que os encadeados percebem são sombras dos objetos, que parecem mover-se sozinhos, a única realidade de mundo que vivenciam.

Libertos das correntes poderiam ser capazes de captar, com inteligência, que as obscuridades não constituem a realidade em absoluto, compreendendo a verdadeira configuração da verdade, mais adiante de sua representação na maneira particular do espaço menos iluminado projetado. Se antes lhes fosse narrado, não seriam capazes sequer de interpretar, pois não conheciam a forma humana ou os sons produzidos.

Sócrates, filósofo do período clássico da Grécia antiga, relaciona a luz do Sol com a luz do fogo na caverna, implicando que os fatos do mundo não se apresentam imediatamente como devem ser julgados e que a realidade última pode estar oculta ao olhar menos atento.

A Alegoria da Caverna também é frequentemente interpretada como alerta sobre como governantes com mentalidade espartana manipulam a humanidade. Em paralelo, quem passa das sombras à luz, o processo de aquisição de sabedoria é gradativo, lento e doloroso. O oposto também é o caso, quanto à ignorância humana, que existem os incapazes ou relutantes de vasculhar o real e a sabedoria.

No livro *Tormenta*, a jornalista Thaís Oyama esquadrinha personagens obscuras hoje que influenciam o poder, exibindo as razões escondidas por trás de decisões, que deslocaram o destino do país.

Com informações apanhadas junto às fontes do círculo íntimo da família Bolsonaro e primeiros escalões de Brasília, *Tormenta* fotografa um dos mais improváveis governos que a nação já elegeu – e sua sucessão intensa de perturbação de crises, improvisos e desmandos.

No governo do 38º presidente da República, as forças políticas lutam entre paredes do Palácio do Planalto – além das crenças e temores de Jair Bolsonaro e seus filhos, reais ou imaginários, que influenciam o percurso da nação.

Como os acorrentados de Platão, sem adquirir entendimento de outras realidades, o inédito governo bolsonarista alcançou a presidência da República oriundo da escuridão do baixo-clero parlamentar, onde conviveu durante quase três décadas, em completo desconhecimento da profunda desigualdade social.

março, 2020

UM VÍRUS
MUDA A TERRA

O contexto mundial está ainda simbolizado pelo liberalismo e pela transformação da economia apenas em especialidade do campo das finanças – e tal fase do capitalismo é responsável, em particular, por reduzir drasticamente as margens de manobra do poder público, inclusive, controlar a marcha econômica da sociedade.

O impacto do coronavírus no mundo, contudo, está rompendo o encadeamento da conjuntura passada com o fato histórico terrível de hoje e, simultaneamente, fascinante: o homem está se adaptando a viver novamente de maneira solidária e a ser disciplinado. *"Tudo que se vê está mudando a Terra. Estamos num momento mágico"*, analisou Alessandro Barricco, escritor e pensador italiano, em entrevista ao jornal argentino *La Nación*.

Alessandro Barrico compara os instantes vividos pelas gerações da Segunda Guerra Mundial e suas narrativas: *"Nossos antepassados tiveram momentos piores, mas se toleravam. Nós podemos fazer isso"*. Na realidade, a pandemia forçará a redistribuição de riqueza em todos os continentes porque não existe dinheiro bastante em qualquer Estado para suavizar os efeitos da crise, já evoluindo exponencialmente.

Antes do coronavírus, a dinâmica da individualização e o refluxo das visões político-ideológicas deslocaram a necessidade de reconhecimento das comunidades étnicas, religiosas ou regionais. Havia uma explosão de identidades, que gerava o processo de balcanização social, composto de multiplicidade de minorias e grupos, que se desconheciam ou se hostilizavam reciprocamente.

Numa semana, após anos de profunda crise de confiança entre as classes política e científica, são duas categorias que restam e se unem para salvar o planeta em sequência contínua de esgotamento, fazendo desaparecer as utopias, características dos tempos recentes.

As ideologias do século XX tentaram esconder tudo o que pudesse contrariar o sonho idílico do exuberante amanhã. Ao dissimular a realidade, elas se protegeram do ceticismo, desconfiança e desencanto. No contexto atual, o artifício tornou-se insustentável: o acesso aos meios de informação deixou de ser privilégio das elites.

No ambiente acadêmico se pergunta se o espírito de comercialização que assola todos os modos de vida não conduz à atrofia do instinto de sociabilidade, do poder de afinidades naturais, enfim, de todos os sentimentos que existem no homem. Há quem garanta que a sociedade digital arruinou o trato direto entre as pessoas.

Os fatos oriundos do coronavírus não confirmam as apreensões. Ao invés de desaparecerem, os sentimentos de empatia para com o próximo manifestam-se ruidosamente por ocasião da catástrofe que se abate sobre a humanidade. Jamais o mundo conheceu tantos voluntários em favor dos necessitados.

março, 2020

A HISTÓRIA
DE TOGA

Entre 1945 e 1949, militares de alta patente, empresários, advogados, médicos, num total de 24 indiciados, colaboradores ativos no projeto nazista, foram acusados de tratamento impróprio a civis e prisioneiros de guerra, além de crimes contra a humanidade, transgressão penal que reúne, no conjunto, assassinatos, escravização, deportação e perseguição a homens ou mulheres por motivação política, religiosa e racial.

Dos 24 que praticaram atos delituosos, um não compareceu à audiência perante aos juízes por ser doente terminal e outro se suicidou antes do início do processo. Dos 22 restantes, três conquistaram a absolvição; 12 condenados à morte por enforcamento; três submetidos à detenção perpétua e quatro obrigados a cumprir entre 10 a 20 anos de prisão.

Polêmicos à época, os julgamentos de Nuremberg são saudados hoje como marco do Direito Internacional – e alicerce para construção do Tribunal de Haia, cuja função é julgar, condenar ou absolver qualquer Estado. Em 2002, concebeu-se a Corte Internacional, capacitada para sentenciar indivíduos por crimes de guerra ou ação condenável contra a humanidade.

Sob qualquer ângulo, torna-se difícil medir, concreta ou abstratamente, a maldade com a maldade, a barbaria com a barbaria, o perverso com o perverso. A truculência ou o ato cruel praticado no Brasil pelo governo atual lembra, em alguns pontos, o comportamento dos nazistas contra os judeus, ciganos, comunistas e prisioneiros aliados.

Ao defender de forma persistente que o país mantenha sua dinâmica natural, apesar da pandemia, Jair Bolsonaro condena ao corredor da morte, sumariamente, os idosos e portadores de enfermidades preexistentes, os mais vulneráveis ao coronavírus, e a população que sobrevive abaixo da linha de pobreza, amontoada em mocambos, com tendência a contagiar-se tragicamente.

Por sua orientação importuna e maçante à população, desorientada e aflita, o ex-capitão demonstra traços de sociopatia, segundo entrevista de dirigente do Conselho Federal de Psicologia à revista *Carta Capital*. Além de insensível em relação aos outros, busca sempre confronto, alimenta o egocentrismo, nunca se arrepende, nem sente culpa ou remorso, perfil do paciente de conduta antissocial.

O diagnóstico superficial conduz a imaginação de um extermínio deliberado da comunidade dos que contabilizam muitos anos de existência e o aniquilamento dos que já estão subjugados a condições insuportáveis de vida, esboço de genocídio, talvez, inventado pelo seu gabinete do ódio.

Jair Bolsonaro poderá fugir de todos os julgamentos, porém, jamais escapará do veredito implacável, justo e sereno da História, assim que os fatos se acomodarem na perspectiva da análise imparcial.

abril, 2020

SALVADOR GANHA BELEZA ESTRANHA

Ninguém ainda esqueceu como a beleza de Salvador é estonteante, mas, agora a cidade está quase vazia, sem legiões de turistas – e suas ruas estreitas no centro histórico, espaços deslumbrantes, a orla marítima da península itapagipana ao farol de Itapoã, as igrejas, Pelourinho, Santo Antonio Além do Carmo parecem retratos não do cotidiano. Se antes do Coronavírus era quase difícil andar sem descortinar a constante presença dos visitantes, nacionais e estrangeiros, a pergunta no momento é quando eles vão voltar.

O desastre econômico manifestou-se gigantesco: as empresas de varejo permanecem fechadas, a desolação é absoluta. *"Mãe, já posso sair com meus amigos?"* – ecoa de um prédio residencial na quase silenciosa Pituba, bairro mais atacado pelo agente infeccioso, a voz angustiada de uma criança, encurralada pelo *lockdown.*

Nos dias surreais, onde tudo é mais perceptível em Salvador, centenas de sem-teto, invisíveis antes do Coronavírus, são percebidos a qualquer hora do dia ou da noite. Um deles acampa diariamente e dorme pacificamente no jardim do Largo da Graça, onde proliferam ratos e matos. Os novos pobres também se multiplicaram: trabalhadores que perderam emprego e não conseguem sobreviver, hoje são frequentadores assíduos das organizações de caridade.

Salvador está diferente, sobretudo, com as praias impecavelmente limpas, sem ninguém – e a sensação também que estão distintos os soteropolitanos: mais gentis, mais comunitários e solidários. Esperam redescobrir sua cidade, golpeada como o resto do Brasil, por um inimigo invisível – e vivem a expectativa da sua lenta ressurreição.

Quase no final da década de 1970, o então prefeito de Salvador, Jorge Hage, desenhou para o jornal norte-americano Washington Post um quadro realista: "Salvador é uma cidade bela, cercada por um cinturão de pobreza e miséria por todos os lados". A sua visão sociológica honesta lhe valeu o cargo: foi destronado pelo preposto do ditador à época, porém, permaneceu digno do apreço da população.

A obra mais célebre do gênero literário *nosense*, autoria de Charles Lutwidge Dogson e publicada em 1865, *As Aventuras de Alice no País das Maravilhas*, parece trazer ótima lição aos dois jovens dirigentes baianos, Rui Costa e ACM Neto, que combatem, impetuosamente, contra a lógica do absurdo de um Presidente da República, cuja forma aparente evoca a do ser humano.

A famosa frase do coelho branco da menina Alice – pequeno animal sempre com pressa, sempre atento ao seu horário – "[...] *é tarde, é tarde, tão tarde até que arde, é muito tarde*" indica estar sendo interpretada, ao contrário e estrategicamente, por ambos governantes: nunca é tarde para abrandar a dor dos excluídos e flagelados.

maio, 2020

A PANDEMIA DA TRANSFIGURAÇÃO

Na fúria do novo coronavírus, os especialistas estão certos: após o ataque letal aos bairros ricos e classe média, a chegada agora dos agentes infecciosos diminutos nas periferias será incontrolável, especialmente por ser o território do reinado da pobreza, dos excluídos, o campo fértil para vicejar e prosperar.

O surgimento do coronavírus implodiu a ordem global, num cenário virtual da terceira guerra mundial, que frequentemente se temia, diante da injustiça na distribuição de riqueza, fundamentalismos religiosos e interesses político-econômicos no século XXI. O capitalismo, a religião dominante do atual século, mostrou deficiências para resolver tudo ou controlar tudo. As nações mais ricas da Europa, inclusive o Brasil, procuram espaços, atualmente, para sepultar seus mortos.

O estado de bem-estar social, após a Segunda Guerra Mundial, foi a grande conquista, liderada pela França – e alimentou a reconstrução política, econômica e cultural das principais nações europeias. Hoje, o estado de bem-estar está novamente na mesa pela recuperação irrefutável de seu papel.

A "modernidade líquida", segundo o sociólogo e filósofo polonês Zygmunt Bauman, caracteriza a interação social no século XXI e foi colocada em crise pelo confinamento, que induz a revalorização do diálogo pessoal.

Se até agora a sociedade capitalista concentrou seu olhar no desenvolvimento financeiro e não no produtivo, acima dos equilíbrios sociais e da ecologia do planeta, o desastre da pandemia hoje força a modificar o rumo. O endeusamento da economia como prioridade sobre a vida mostrou resultados cruéis em nações que não desaceleraram a ganância até que compreenderam suas mortes.

A Bahia está passando por um equilíbrio delicado, difícil de sustentar, porém, com base sólida na prioridade da vida sobre a economia. Não é apenas um governo que, dia após dia, consolida o papel do Estado como articulador de interesses setoriais, com base no bem de todos.

A Peste (*La Peste*), do dramaturgo francês Albert Camus, narra a história de trabalhadores que descobrem a solidariedade em meio a uma peste que devasta a cidade de Oran, Argélia. Uma mulher do subúrbio carioca, personagem da vida real, não teve a mesma sorte. À porta de um hospital, à frente da câmera de televisão, suplicou: *"Eu preciso viver. Não quero morrer"*.

Por isso, o capitalismo ocidental terá que reinventar novo paradigma do estado de bem-estar social, que, segundo o sociólogo espanhol Manuel Castells, *"não pode permitir austeridade na prestação de serviços essenciais"*. O desafio agora é erguer a economia, esculpindo nova face, mais inteligente e humana, incluindo o estado de bem-estar social para aglutinar os que não possuem voz ou os marginalizados do sistema.

maio, 2020

NEGROS IMPORTAM EM QUALQUER LUGAR

Enquanto milhares vão às ruas no Brasil contra o racismo e a violência policial após a morte de dois homens negros norte-americanos, George Floyd, em Minneapolis, e Rayshard Brooks, em Atlanta, o mesmo estímulo não eclode tão intenso quando o agir letal da segurança pública nativa alcança até crianças negras nas periferias das cidades brasileiras quase diariamente.

A raiz do quase estado de insensibilidade emocional parece enterrada na formação socioeconômica do Brasil: os colonizadores europeus tiveram um país construído por negros, mas sempre sonharam em edificar uma nação branca, visão conservada até hoje pela minoria detentora de prestígio e domínio social.

No Brasil do século XIX, segundo anota Laurentino Gomes no volume I de *Escravidão*, existiam projetos de branqueamento da sociedade, com o apoio do Império e movimento republicano, em paralelo à nascente corrente do pensamento abolicionista.

O incentivo à imigração europeia carregava exatamente tal meta: contrabalancear o número e influência dos africanos no Brasil, que, sob a ótica das autoridades à época, poderiam comprometer o desenvolvimento futuro do país. "O Brasil não é, nem deve ser, o Haiti", advertiu o crítico literário, promotor e deputado sergipano Silvio Romero. "A vitória na luta pela vida, entre nós, pertencerá, no porvir, ao branco", insiste ele, em seu livro *A literatura brasileira e a crítica moderna*.

O médico e escritor maranhense Raymundo Nina Rodrigues escreveu também: o Quilombo de Palmares teria sido "a maior das ameaças à civilização do futuro povo brasileiro", pois, se vitorioso no seu projeto, transformaria o Brasil em um "novo Haiti refratário ao progresso e inacessível à civilização".

Oficialmente, a escravidão terminou em 1888, contudo, o Brasil jamais se empenhou, de fato, em equacionar o problema do negro. Liberdade nunca significou para seus descendentes oportunidade de mobilidade social ou melhoria de vida.

Cinco décadas após a Lei Aurea, o antropólogo alagoano Arthur Ramos apontou a persistência de diferentes configurações de exploração do negro, uma delas justamente de natureza política. Para o historiador canadense Paul E. Lovejoy, "escravidão se tornou assunto politicamente sensível, contaminado por interesses e bandeiras ideológicas, que dificultam seu estudo de forma objetiva".

Sozinho, o Brasil arrebanhou quase cinco milhões de africanos cativos – e, como desdobramento, atualmente é o segundo país de maior população negra ou de origem africana do mundo. Seja como for, com ou sem protesto vigoroso contra o aniquilamento dos negros brasileiros pela truculência policial, a África permanecerá encravada no Brasil: corajosa e enérgica, como sempre se locomoveu na história.

junho, 2020

DOM QUIXOTE BRASILEIRO

A obra do espanhol Miguel Cervantes, *Dom Quixote de la Mancha*, com a primeira edição publicada no século XVII, narra as aventuras do pequeno fidalgo castelhano que, com certa idade, entrega-se ao gosto de ler desregradamente, perde a noção da realidade e fica convencido de que seus ídolos tenham sido historicamente reais e decide transformar-se em cavaleiro andante.

A coroa espanhola patrocinou a edição revisada em quatro volumes, quase no final da década de 1700, com tiragem de 1.600 exemplares – e o livro surgiu no espaço de tempo de coisa nova, abundância e uniformidade de escritores ficcionistas espanhóis. Ao descrever as peripécias de Dom Quixote, o romance apresenta Sancho Pança, fiel parceiro, contudo, detentor de olhar realista do mundo.

Dom Quixote e Sancho Pança representam valores distintos, apesar de participantes do mesmo planeta. A paródia, adotada por Cervantes, permite dar relevo aos contrastes, por meio da deformação grotesca, deslocada do patético para o burlesco.

No capítulo VIII há o episódio em que Dom Quixote, ao chegar a uma planície, confunde 30 moinhos de vento com gigantes, decidindo enfrentá-los sozinho. O escudeiro Sancho Pança ainda tenta alertá-lo do erro de percepção, porém, ele não desiste e ataca um dos moinhos – e é derrubado, com seu cavalo Rocinante, por uma das pás.

Sancho Pança socorre seu senhor e o questiona sobre os fatores que o conduziram a cometer tamanho desacerto. Dom Quixote responde, fundamentado no devaneio: intervenção do bruxo Friston, que transformou os homens de imensa estatura em moinho para obstruir sua glória.

Dom Quixote provou ser extraordinária fonte de estímulo para outros campos de criação artística: desde o século XVII se produzem peças de teatro, óperas, composições musicais e bailados. No século XX, o cinema, a televisão e o desenho caricatural inspiraram-se também no personagem de Miguel Cervantes.

De carne e osso, Dom Quixote renasceu no Brasil, sem preparo intelectual ou erudição, mas fantasiado de mensageiro divino para construção de nova sociedade. Ao declarar sua guerra delirante, combate inimigos perigosos: a comunidade científica, universidades, artistas e jornalistas, asquerosos ambientes de comunistas. Para enfrentá-los, apinhou o bunker de militares, notabilizados por feitos guerreiros.

Entre suas evidências de força já induziu milhões de pessoas a consumirem remédio inapropriado – e negou água potável e proteção às populações indígenas. No dia em que confessou estar infectado, zombou do coronavírus.

Ao regressar ao seu povoado, Dom Quixote, de Miguel Cervantes, percebe que não é um herói e não existem heróis. O Dom Quixote brasileiro julga-se dotado de qualidades superiores às da natureza humana.

junho, 2020

TODO POPULISMO SERÁ CASTIGADO

As nações que melhor enfrentam a pandemia possuem algo em comum: sistema político sólido, com instituições em pleno funcionamento e dirigentes capazes de colocar em segundo plano a luta pelo poder ante uma ameaça maior, o vírus.

O importante é a possibilidade de que todas as vozes, por mais baixas que sejam, persigam o bem comum, representando uma ferramenta tão necessária quanto a quarentena. Alemanha e Suíça são exemplares: apostaram na responsabilidade dos seus cidadãos para minimizar as restrições à liberdade individual, sociedades com excelente aprovação às normas e confiantes nos governantes.

No outro extremo, os países mais castigados pelo vírus também possuem algo entre si: estão polarizados por lideranças populistas. Os presidentes estão convencidos de que a realidade é uma extensão de sua vontade. A partir do seu pedestal de barro, subestimaram a tragédia da pandemia, a exemplo de Jair Bolsonaro: as atitudes caprichosas aprofundaram as divisões políticas e sociais e conceberam as melhores condições para que o vírus prosperasse.

Ao longo do século XX, o conceito populismo, na teoria social e política, esteve comumente associado aos governos da América Latina. Sob o ângulo teórico, as influências dos sociólogos argentinos Gino Germani e Torcuato di Tella foram determinantes na investigação.

Na bibliografia sociológica, os acadêmicos Francisco Weffort e Octavio Ianni interpretaram a sociedade nacional de 1930 a 1964, munidos do conceito clássico. No século XXI, com a matriz teórica de Ernesto Laclau, o populismo retornou como ponto explicativo para governos eleitos atipicamente, camuflados de contraponto a elite. *"Há um fantasma que assombra a América, e esse fantasma é o populismo"*, anunciou Laclau, filósofo argentino.

Estados Unidos e Brasil são nações que mais produzem contágios – e o Reino Unido as seguiu de perto. A sua maneira, Donald Trump e Boris Johnson curvaram-se diante da magnitude da crise, porém, Bolsonaro permanece comportando-se sem diferença do fanático, que nega assumir as evidências, enquanto a realidade devora milhares de vidas humanas.

Historicamente, o populismo tornou-se força na América Latina desde 1930 – e associado à industrialização, à urbanização e à dissolução das estruturas oligárquicas, com o poder concentrado na aristocracia rural. A política populista caracteriza-se menos pelo conteúdo e mais pela aptidão de dissimular. O destaque fundamental é o contato direto do líder com as massas urbanas e enganosamente sem intermediação de partidos.

A reflexão reside agora sobre o que restará para o futuro político de Jair Bolsonaro diante de uma sociedade tão golpeada por um vírus letal. Como todo populista, certamente, ele será castigado.

julho, 2020

A SEGREGAÇÃO EXTREMA

Matheus Fernandes, negro, 18 anos, é agredido e acusado de roubo quando tentava trocar relógio em shopping na zona norte do Rio de Janeiro, cena de racismo e segregação reproduzida diuturnamente no Brasil, um dos legados da escravidão em seus desdobramentos e no mover na história, desafio da relação social tão antiga como moderna, tão fácil de entender, porém, difícil de avaliar.

Moses Finley, historiador norte-americano especialista em economia greco-romana, estabelece a distinção entre "sociedades com escravos", estrutura em que eles desempenham papel insignificante, e "sociedades escravocratas", em que os servos ocupam lugar central na produção, parcela expressiva dos habitantes.

"Sociedades com escravos" são encontradas em qualquer canto da Terra até o século XIX. Na limitada classificação de Moses Finley, somente existe na história número reduzido de sociedades escravocratas: Atenas e Roma na Antiguidade, Estados Unidos, França, Reino Unido, Brasil, outras nações das Américas e Caribe.

Na realidade, existem mais exemplos de sociedades escravocratas por descobrir ou outras que não abandonaram rastros suficientes para poderem ser investigadas com precisão. Concretamente, há diversas formas de escravidão e trabalho forçado. Na verdade histórica, há continuação no status do trabalho entre servidão absoluta e frágil liberdade completa.

Nas formas extremas da escravidão, os negros não possuem qualquer direito: sem identidade pessoal, são apenas mera força de trabalho e bem mobiliário, proibidos à vida privada, à família ou ao casamento. No Código Negro de 1685, promulgado pelo rei da França e Navarra, Luis XIV, os escravos não podem possuir nada e seus minguados objetos pessoais pertencem aos seus proprietários.

Após a extinção do tráfico atlântico em 1807, as *plantations* das Antilhas, Estados Unidos e Brasil contaram com autorreprodução da população negra. No caso brasileiro, a segunda fase da escravidão se revelou mais próspera e rentável: o número de escravos passou de um milhão para quatro milhões em 60 anos.

As sociedades escravocratas são a configuração extrema de sistema político desigualitário e a existência delas é mais antiga do que o colonialismo europeu. Os conceitos da abolição do comércio escravista propiciaram testemunho sobre o regime da propriedade privada, a origem do mundo moderno.

No caso do Brasil, a questão da escravidão e das desigualdades entre categorias de cidadãos, fundada na diferença de condição socioeconômica, mantém fincadas raízes duradouras na organização social e construção dos partidos políticos. Apesar da supressão da escravatura em 1888, a ideia do *ancien régime* ainda habita mentes e ações da aristocracia ilusória e retardatária.

agosto, 2020

UM HOMEM DA ELITE DO ATRASO

❝A minha vontade é encher sua boca de porrada!"* – esbravejou o valentão Jair Bolsonaro ao ouvir a pergunta do repórter do jornal O Globo sobre o dinheiro sujo depositado na conta bancária da sua mulher, a primeira-dama.

O Estado não é uma ampliação do círculo familiar, ainda menos de certos agrupamentos e certas vontades particularistas; sobretudo, há descontinuidade até oposição. Apenas pela transgressão da ordem doméstica é que nasce o Estado – e a simples criatura se faz cidadão, contribuinte, eleitor e responsável ante as leis da cidade.

De maneira contundente, em seu livro *A elite do atraso*, o sociólogo Jessé Souza critica o homem cordial do historiador Sérgio Buarque de Holanda por pensar o brasileiro genericamente, sem distinção de classe. Sérgio Buarque de Holanda desenvolve no homem cordial a noção de patrimonialismo no país, também desenvolvida por ele.

Para Jessé Souza, o historiador Sérgio Buarque de Holanda oculta a atuação do homem cordial do mercado em prejuízo moral do Estado, investigado como centro de toda a corrupção, encobertando os conflitos de classe no Brasil e a origem social dos privilégios individuais.

Para o funcionário patrimonial, a própria gestão política se aduz como assunto do seu interesse particular: os benefícios relacionam-se a direitos pessoais do servidor e não a interesses objetivos, produzidos com bom resultado no verdadeiro Estado burocrático, em que prevalecem a especialização das funções e o esforço para assegurarem garantias jurídicas aos cidadãos.

Excepcionalmente, existirá cidadão mais distante da noção ritualista de lhaneza e hospitalidade do que Jair Bolsonaro. Ao ser absolvido pelo Superior Tribunal Militar por suposta participação em plano para explodir bombas em quartéis, o então capitão descortinou um caminho luminoso numa carreira política, apesar de inexpressivo: a sua atuação parlamentar foi marcada por ofensas e agressões a mulheres, negros e homossexuais, além de defensor fervoroso da tortura.

O ídolo venerado e guia espiritual de Jair Bolsonaro é Carlos Alberto Brilhante Ustra, coronel do Exército Brasileiro, integrante da galeria dos chefes do DOI-CODI do II Exército, um dos órgãos mais ativos na repressão política durante o período de chumbo no Brasil.

Ustra tornou-se o primeiro militar condenado pela Justiça Brasileira por sua prática incansável de suplício aos opositores do governo autoritário. Mesmo reformado, permaneceu politicamente efetivo, nos clubes militares, na defesa da ditadura e críticas anticomunistas.

Em *Raízes do Brasil*, Sergio Buarque de Holanda expressa que a contribuição brasileira para a civilização será a da cordialidade. Na forma de convívio social, Jair Bolsonaro é o contrário da polidez.

agosto, 2020

DEUS NÃO ESTÁ MORTO

A civilização espera angustiada a chegada da vacina para salvá-la do ataque letal do coronavírus, depois de ela própria ter matado Deus e construído na modernidade um modelo científico que não permite espaço ao ser supremo, entregando seu caminhar às mãos da ciência, como única divindade capaz de dirigi-la.

Esse comportamento contemporâneo da humanidade o filósofo Friederich Nietzsche classificou de niilismo, doutrina cuja principal característica é a visão cética, radical, em relação às interpretações da realidade, aniquilando valores e convicções. No plano social e político, o niilismo passa a designar movimento de rebelião contra o atraso, o imobilismo da sociedade e seus valores.

Nascido na atual Alemanha ou antigo Reino da Prússia, século XIX, no ambiente de uma família luterana vinculada à realeza, Friederich Nietzsche vê, aos cinco anos de idade, o futuro paraíso religioso perfeito, paradisíaco, desmoronar-se com a morte do pai, em seguida de um irmão – e, a partir daí, após auscultar a civilização, prescrever que ela está doente.

Na Grécia arcaica, os deuses são imanentes, relacionam-se com o simples mortal, habitam na Terra. Na Idade Média, o Deus judaico-cristão torna-se o princípio, a razão, o meio e o fim – e o mistério da vida é desvendado por meio da Bíblia. Durante o renascimento, William Shakespeare vislumbrou a perspectiva do futuro niilista existencial em sua imortal tragédia: Macbeth derrama seu desgosto pela vida.

Os primeiros registros do termo remontam à Revolução Francesa, quando são qualificados niilistas os grupos nem a favor, nem contra o movimento de revolta ao poder estabelecido. Os historiadores fixam o início do século XVIII como marco de referência do iluminismo, fonte encorajadora do niilismo.

Os pensadores iluministas alimentavam, como ideal, a extensão dos princípios do conhecimento crítico a todos os campos da atividade humana. Supunham poder contribuir para o progresso da humanidade e para a superação dos resíduos de tirania, crença que creditavam ao legado da Idade Média. A maior parte dos iluministas ainda associava o ideal de conhecimento crítico à tarefa do melhoramento do estado e da sociedade.

O Iluminismo sintetiza diversas tradições filosóficas, sociais e políticas, representando a saída dos seres humanos de uma tutelagem que impuseram a si mesmos. O resultado ou desdobramento da arrogância da modernidade produziu a exaustão ambiental, o esgotamento socioeconômico, exauriu o sistema urbano – e induziu o indivíduo novo a transfigurar-se em homem-deus, o único a viver no universo do Eterno. *"Essa modernidade não pode ir muito longe"*, profetizou Friederich Nietzsche, porque a fé cristã aparenta estar inviável.

setembro, 2020

A DESFORRA
DOS EXCLUÍDOS

O coronavírus, que aterroriza o mundo com a fúria de um furacão, parece ter conduzido em posição contrária a relação histórica entre África e os países ricaços do Ocidente: qualquer norte-americano, italiano, francês, ou mesmo um aristocrata dinamarquês, sentir-se-á mais resguardado no Quênia ou em outra qualquer nação do continente africano que em seu próprio torrão natal.

Sábios da ciência profetizaram o apocalipse nos países pobres do mundo, alvos da opressão e arbitrariedades na devastadora colonização europeia, porém, demonstraram-se os mais fortes do planeta na hora de combater a enfermidade, que se apodera do espírito da humanidade – e paralisa quase sua metade.

O magnata norte-americano Bill Gates projetou o número de 10 milhões de condenados à morte na África e a ONU, modesta nos cálculos, colocou na escala de 3,3 milhões o total de africanos marcados para serem ceifados na passagem da pandemia. A África abriga 17 por cento da população mundial, apenas contabiliza o percentual de 3,5 no obituário das baixas pelo agente infeccioso no planeta.

Em estudo acadêmico, o professor universitário sul-africano Shabir Madhi bisbilhotou que 60 por cento dos nativos habitam em guetos urbanos ou barracos, onde convivem amontoados, ambiente diametralmente oposto aos mandamentos da Organização Mundial de Saúde: distanciamento social, lavar as mãos e usar máscara.

Em paralelo, no precário sistema de transporte público, os usuários viajam tão comprimidos que resta pequeno espaço para respirar – e a explicação, à base da especulação, é que os africanos possuem carga maior de anticorpos. Na verdade estatística, no continente morrem 10 vezes mais homens e mulheres de malária ou tuberculose em correlação ao germe letal.

Ideologicamente, o que sustentou a dominação europeia sobre a África foi o racismo científico, principalmente no século XIX. A partir da deformação das ideias de Charles Darwin, cientistas advogavam a tese da superioridade do europeu sobre outros povos, especialmente os africanos. O avanço tecnológico à época serviu para retroalimentar a crença.

Convictos de sua superioridade natural, os europeus, ao dominarem a África, admitiam estar inevitavelmente semeando o progresso e civilizando seus povos. Esse seria, segundo o escritor inglês Rudyard Kiplig, o *"fardo do homem branco"*.

Seja como for, a experiência africana merece aplausos no assombroso ano de 2020, pela vitória ou vindita dos pobres contra seus opressores faustosos. Com a economia tão dependente do turismo e importação de matérias-primas, as nações africanas mergulharão na pobreza mais profunda após a pandemia – e o bem-estar terá mais justificativa para sentir tristeza do que para festejar.

outubro, 2020

LAIKA, MON AMOUR

Era pouco maior do que minha mão. Assim, precisei das duas para recebê-la em casa da mensageira do canil, onde nascera, quase 13 anos atrás. Como sempre fui desajeitado para abrigar nenê nos braços, encostei-a ao peito para que ela não se precipitasse sobre o chão. Adorei esse calor, suponho que ela também. Dias depois, olhou-me firmemente: aceitou-me para amigo e parceiro preferido.

Foram anos de ternuras e encantos. Dormimos muitas noites juntos, ela atrás do meu travesseiro. Parecia temer os trovões e relâmpagos de Belo Horizonte. O que poderia fazer contra os trovões e relâmpagos? Adormecê-la ao som de cantilenas?

Amá-la foi a mensagem e da mesma forma julgo que ela entendeu assim. Compomos uma dupla, sem falhas, contra as emboscadas e perfídias do amor. Igualmente contra os que detestam os amantes. Quando minha irmã caçula morreu, ela surgiu à porta, como sempre fez, encostou sua cabeça em minhas pernas, sem festa, não exigiu meu afago, parecia ter captado minha tristeza e meu luto, não desejava ser maior do que minha dor.

Sempre ao meu lado, esqueci meu medo da hipocrisia humana. Ela nunca teve ninhada de filhotes, mas enfrentou com dignidade a extirpação do seu útero doente, não perpetuando gerações futuras. Já em Salvador, passeávamos pelo Largo da Graça, pontualmente à tarde. Com a idade, ela adquiriu a postura de uma *lady*, de uma rainha dos contos de fadas, admirada por súditos inesperados na rua, recepcionados por ela com o balançar do seu rabinho.

Num sábado, fitando-me com seus olhos negros, bela como nunca, deixou que eu a beijasse, choramingando. Talvez, ela tenha percebido. Bem maior do que minha mão, bem maior do que o meu peito, carreguei-a até o fim.

Eu me autojulgava um profissional responsável até antes de 29 de agosto de 2020: fizesse sol ou tempestade, procurava cumprir o dever dentro da minha finitude. A realidade é dificilmente suportável: foi impossível entrar no meu escritório desabitado, onde, tranquila, dormindo aos meus pés, esperava que eu findasse minha tarefa para ganhar sua companhia, frequentemente esfuziante.

Até o último momento olhou para mim. Transportei-a em meus braços ao hospital veterinário, apoiada em meu peito, à procura de um milagre da ciência. Apertei-a com força, já consciente de que ela seria eternamente maior do que a minha saudade.

outubro, 2020